BALOCHARD,

ou

SAMEDI, DIMANCHE ET LUNDI,

VAUDEVILLE EN TROIS ACTES,

par MM. Dupeuty et E. Vanderbuch,

REPRÉSENTÉ POUR LA PREMIÈRE FOIS, SUR LE THÉATRE DU PALAIS-ROYAL, LE 29 AVRIL 1839.

PERSONNAGES.	*ACTEURS.*	*PERSONNAGES.*	*ACTEURS.*
VICTOR MOREL, fabricant de voitures.	M. FAUGÈRES.	CHICARD.	M. MASSON.
M. LANOIS, son contre-maître.	M. SAINVILLE.	UN MARCHAND d'habits.	M. FELTis.
BALOCHARD, ouvrier peintre.	M. ACHARD,	UN GARÇON de cabaret. . . .	M. GRASSOT. M. GALLY.
LARMOYER, ouvrier carrossier.	M. ALCIDE-TOUSEZ.	COELINA, femme de Larmoyer.	Mme LEMÉNIL.
GAMBIN, ami de Balochard, et son élève.	M. LEVASSOR.	ADRIENNE, fille de Balochard.	Mlle PERNON.
		OUVRIERS et OUVRIÈRES, SOLDATS (gardes nationaux).	

La scène est à Paris.

ACTE PREMIER.

SAMEDI.

Le théâtre représente l'intérieur d'un atelier de carrossier. Grande porte au fond, donnant sur une cour. Une forge, à gauche ; un cabinet pour les peintres, à droite.

SCÈNE PREMIÈRE.

LARMOYER, COELINA, PLUSIEURS OUVRIERS.

Au lever du rideau, tous sont au travail.

Air *du Postillon d' mam' Ablou:*

Gais ouvriers,
Bous carrossiers,

Courage !
A l'ouvrage !
Ferme à l'outil,
A l'établi !
C'est la paye aujourd'hui !

COELINA.

Honneur et gloire au vieux Sam'di,

Il a bien son mérite aussi...
Car du Dimanche il est l'ami
Et l' cousin germain du Lundi...
CHOEUR.
Ferme à l'outil,
A l'établi !
C'est la paye aujourd'hui !
            *   *Ils travaillent avec ardeur.*

SCENE II.

LES MÊMES, LANOIS.

LANOIS, *riant.*

Ah! ah! mes gaillards! on voit bien que c'est aujourd'hui samedi, vous ne vous faites pas prilier pour travallier.

COELINA, *l'imitant.*

Mais comme vous voiliez, monsieur Lanois.

LARMOYER.

Dites donc, contremaître... moi, Jean Làrmoyer qu'ils ont surnommé si bêtement l'Engourdi, inspectez-moi un peu cette cambrure.

LANOIS.

Cambreur, je t'ai toujours rendu une justice éclatante.

COELINA.

Et moi aussi, quoique je sois son épouse... Regardez-moi ça, comme c'est cambré.

LANOIS.

Femme Larmoillié, je vois avec un nouveau plaisir que vous avez confectilioné vos deux coussins de cabriolet, femme Larmoillié.

COELINA.

Appellez-moi donc Cœlina... Tenez, voyez je n'ai plus qu'un galon à coudre.

LANOIS, *inspectant les autres ouvriers.*

Je suis satisfait aussi du zèle et de l'application de Gaucher et de Trubert; ils ont travaillé trois jours cette semaine.

COELINA.

A eux deux.

LANOIS.

Je les recommanderai à la bienveillance de M. Victor, notre jeune bourgeois, qui fera lui-même la paye aujourd'hui. (*Regardant à travers les vitres d'un petit cabinet qui est au second plan.*) Eh bien! où est donc Balochard?

LARMOYER.

Le lyrique? il est peut-être un peu en retard.

LANOIS.

Comment! il n'est pas survenu à l'heure qu'il est... et quand il sait que nous avons une livraison pressée à faire !... c'est effraillant.

LARMOYER.

Faut croire qu'il chante la Colonne de côté et d'autre avec Gambin, qu'il appelle son élève.

COELINA.

J'ai une fausse idée qu'il se livre aux beaux-arts chez le marchand de vin.

LANOIS.

Chanter! chanter! il s'agit bien de cela !.. je ne chante pas, moi... et cependant mes moilliens me le permettent.

On entend sonner la cloche de l'atelier.

TOUS.

A la soupe! à la soupe!

Chacun quitte l'ouvrage, et l'on reprend en chœur.

CHOEUR.

Gais ouvriers,
Bons carrossiers,
Courage !
Au potage! ...
Puis nous r'viendrons à l'établi
Terminer le sam'di...

Ils sortent. Victor entre.

SCENE III.

LANOIS, VICTOR.

LANOIS.

Décidément c'est un être incorrigible : il nous faudra prendre une déterminatillion.

VICTOR.

Qu'avez-vous, papa Lanois?

LANOIS.

J'ai... j'ai que je suis votre contre-maître, que je dois prendre vos intérêts, et si un autre ouvrier que ce Balochard pouvait finir les armoiries qu'il a commencées, il y a long-temps que je l'aurais remercilié.

VICTOR.

Faut-être indulgent, papa Lanois... il paraît que Balochard est père de famille, à ce qu'on m'a dit... c'est un habile ouvrier, il ne faut pas lui ôter son pain.

LANOIS.

Ah! que vous êtes bien le fils de votre père !... lui aussi avait un faible pour ce damné de Balochard... avec sa gaité, ses chansons, sa guitare, il trouve moillien de vous entortillier.

VICTOR.

Et de quoi nous plaignons-nous, mon bon Lanois? l'établissement va bien, n'est-ce pas?

LANOIS.

Ça, nous pouvons le dire... la voiture marche, le tilbury est lancé et la berline va comme sur des roulettes. Avec ça, mon cher monsieur Victor, un bon marilliage, et vous voilà en bon chemin.

VICTOR.

Ah! oui, vous voulez me parlez de cette demoiselle Houdard si bien élevée, que mon oncle tient tant à me faire épouser... Voyez-vous, mon brave Lanois, entre nous j'ai beau être à la tête d'une bonne maison, je suis fils d'ouvrier, je m'en ressentirai toujours un peu... Je me méfie de ces éducations à la mode... tout ça, ça ne fait pas des femmes de ménage : on les élève comme pour épouser des pairs de France, et elles finissent par faire le malheur d'un excellent épicier.

AIR : *Vaudeville de l'Ecu de six francs.*

On leur enseigne la musique,
A chanter le grand opéra...
On leur apprend la gymnastique,

La botanique... etcætera...
On ne sait pas jusqu'où ça va !...
Tous ces talens, vous d'vez l' comprendre,
Sont peu flatteurs pour des maris...
Lorsqu'on leur en a tant appris,
On n'a plus rien à leur apprendre

LANOIS.

Hum !... Monsieur Victor, si ce n'est pas une indiscrétillion, cela veut dire qu'il y a quelque chose...

VICTOR.

Eh bien, oui, là... il y a quelque chose; et pourquoi ne vous le dirais-je pas? Tous les matins, à la même heure, je vois passer devant mon magasin de la rue de Sèvres une jeune femme fort jolie, tenant par la main deux petits enfans.

LANOIS.

Une femme marilliée!

VICTOR.

Fi donc! elle est trop jeune pour être leur mère. Il y a deux mois environ, une charrette manque d'écraser un de ces pauvres petits... heureusement j'arrive assez à temps pour le sauver... si vous eussiez vu la reconnaissance, l'émotion, les larmes de la pauvre jeune fille... Oh! elle était bien gentille, allez... moi, je ne sais ce que j'éprouvais... mais je pleurais presque aussi, si bien que je suis resté là sans rien dire et sans même penser à lui demander son nom.

LANOIS.

De sorte que vous ignorez comment elle s'appelle?

VICTOR.

Depuis ce temps-là elle passe tous les jours, par hasard... moi, par hasard aussi, je me trouve tous les jours sur la porte de mon magasin... je la salue, elle me rend ma politesse en rougissant...

LANOIS.

Et enfin?

VICTOR.

Enfin je ne sais ce que ça deviendra, je ne sais pas si je l'aime... mais ce que je sais, c'est que je déteste encore plus Mlle Houdard.

LANOIS.

Jeune homme, jeune homme, je ne vous cache pas mon inquilliétude... ces sortes de rencontres sont souvent l'aurore d'une mésalliliance.

VICTOR.

Où allez-vous chercher cela, Lanois? Si c'est la fille d'un bon marchand, d'un simple ouvrier honnête homme, travailleur... je ne vois pas là une mésalliance.

LANOIS.

Je ne suis que contre-maître; vous êtes bourgeois... je dois m'interdire toute autre réflexillion.

VICTOR.

Je saurai qui elle est... aujourd'hui même... J'ai chargé quelqu'un du quartier de me donner des renseignemens positifs.

LANOIS.

Alors, nous saurons à quelle classe de la so-

ciliété peut appartenir cette intéressante jeune personne.

VICTOR.

Oh! il est impossible qu'avec cet air de modestie et de décence elle n'appartienne pas à de braves et dignes gens.

On entend chanter en dehors.

LANOIS.

Parbleu !... il ne faut pas demander qui est-ce qui arrive là... C'est ce satané chanteur de Balochard.

VICTOR.

Ce n'est pas malheureux !... Lanois, veillez à ce qu'il se mette tout de suite à l'ouvrage... Je vais préparer mes comptes pour la paye.

Il sort.

SCÈNE IV

LANOIS, BALOCHARD.

BALOCHARD, *entrant.*

Ah! salut, mon pays,
Qui produis le champagne;
Bonjour, mes vieux amis,
Que la joie accompagne.

LANOIS.

Il paraît qu'il ne te faut pas de chandelle?

BALOCHARD.

Je crois bien, je n'en mange pas!
Un coup d' picton,
Moi, j' m'en moque,
Il faut que j' croque,
Un coup d' picton;
Moi, j'aim' mieux l'huil' que l' coton.

Honneur au gros Momus lyrique numéro 11!

LANOIS.

La besogne avant la chanson.

BALOCHARD.

Toujours... Je suis peut-être un peu en retard, hein?

LANOIS.

Il demande s'il est en retard !... Mais, Robert Macaire que tu es, tu viens à des heures totalement indues, qui sont proscrites par toute espèce de réglement quelconque!

BALOCHARD.

Tu me croiras si tu veux; mais je voulais arriver le premier à l'atelier.

LANOIS.

Colle permanente, mais qui ne prend pas.

BALOCHARD.

Quand je te l' dis... A preuve, je sors de la maison; j' dis : Pas de flâne, prenons le plus court, la rue des Filles-Dieu, le passage du Caire... Cré coquin! y a des polissonnes de rues dans ce gueux de Paris, qu'on ne devrait jamais y passer... étroites... comme une bouteille, pas seulement un méchant bout de trottoir, et pavées de marchands de vins... J'allongeais le pas...

quand je coudoie Fichet... Fichet, tu n' connais qu' ça, doreur sur bois... le gros Fichet...

LANOIS.

Eh! je me fiche bien de Fichet!

BALOCHARD.

C'est pas tout... V'là-t-il pas qu'au Petit-Carreau j' tombe sur trois autres amis... trois pitanciers : Patoulet, Ramachard et La Donve... Y en a un qui me crie : Gare l'eau! à cause d'une borne-fontaine qui était là... Les bornes-fontaines, ça embellit la ville ; m'ais j'en use peu... Ils me disent : C'est pas ça... nous avons un acte à régler chez le notaire du coin aux barreaux verts... Vieux, viens comme témoin; nous y entrons.

LANOIS.

Pourquoi y entrer ?

BALOCHARD.

Fallait bien... A la huitième bouteille, La Donve dit : Boire sans manger, ça écœure, je vas commander l' déjeuner... Non, que j' dis, l'atelier, c'est sacré... Vous voyez que je suis innocent comme le mioche en sevrage... A-t-on commencé la paye ?

LANOIS.

La paye !... Il aurait fallu d'abord commencer l'ouvrage.

BALOCHARD.

L'ouvrage !... Où c' qu'est mon tablier de peinture ?... Vous allez voir ce que c'est que l'ouvrage... entre mes mains... Balochard, lyrique dans l'ame, mais ouvrier fini...

LANOIS.

Oui ; mais le temps perdu...

BALOCHARD.

Jamais de temps perdu avec Balochard... Deux heures de brosse et d'inspiration... et enfoncés les faignans qui travaillent toute la semaine !

LANOIS.

Eh bien! alors, vite à la besogne; nous sommes très-pressés... C'est vrai, il vient me parler de La Donve, de Ramachard, des pitanciers... Est-ce que je connais ça, moi?

BALOCHARD.

Eh bien ! gros contre-maitre... nous nous en allons comme ça en faisant la moue... Nous ne voulons donc rien dire à Balochard?... (*Avec son pinceau.*) Une, deux !... papa bougon !...

LANOIS.

Ce scélérat-là !... quand je veux me fâcher, il me fait mourir de rire.

Il sort.

SCÈNE V.

BALOCHARD, *seul, préparant ses brosses et ses couleurs.*

Ils ont raison... j'ai un peu flanotté aujourd'hui... Si Drienne... si ma fille savait ça, elle ne serait pas contente... j'aurais ma gronde... Mais v'là qu'est fini !... Pour aujourd'hui, bonsoir à la bamboche... et à la guitare...

Il chante :

La brosse en main, gaîment je me confie
Au Dieu des pitanciers...

Me v'là en train... (*Il prend sa palette.*) Voici un panneau à filet... La couleur est trop grasse; il faut qu' j'y lâche un peu d'essence... Il ne s'agit que de s'y mettre et de ne pas être dérangé... (*Regardant un panneau à moitié peint.*) Bon ! mon panneau refuse... Si je posais un petit glacis sur c'te teinte-là ?

SCENE VI.

BALOCHARD, GAMBIN.

GAMBIN, *arrivant en sautillant.*

AIR : *Solognot.*

Le, le, le, le papillon, file à la chandelle, le, le, le.
Co, co, co, comme un amant fidèle à la beauté...
L'un, l'un, l'un y brûle son aile, le, le, le...
Lo, lo, l'autre engage sa li, li, liberté.

BALOCHARD.

Tiens ! c'est Gambin... c' te farce!... qu'est-ce qui amène tes guêtres par ici?

GAMBIN.

Même air.

C'est la, la, la, l'amitié qui met en route, te, te, te ,
Et qui, qui, qui me conduit toujours sur tes pas.
Si tu, tu, tu veux boire une goutte, te, te, te...
Je ré, ré, régale, le... fi, fi, filons là bas...

BALOCHARD.

La goutte... jamais quand je suis à l'ouvrage... je l'accepte volontiers le dimanche ; je ne la refuse pas le lundi ; je ne la dédaigne pas le mardi... Assez causé; laissé-moi faire mes teintes.

Il prépare ses couleurs.

GAMBIN.

Je les respecte... mais j'ai du nouveau à t'apprendre.

BALOCHARD.

Gambin, tu es un jeune homme que je veux protéger ; je t'ai institué mon élève pour le lyrique... avec des encouragemens, tu peux arriver à l'ut de poitrine, comme M. Duprez... je ne suis pas même éloigné de t'accorder la main de ma fille ; mais entre nous , pas d' farces... Quel état fais-tu ?

GAMBIN.

De quoi, un état !... pourquoi faire? puisque j'ai trois oncles qui en ont de superbes.

BALOCHARD.

Ça, c'est une raison...

GAMBIN.

Mon oncle Guichard est dans le papier peint ; mon oncle Lélu est artiste retiré avec des rentes.

et mon oncle Antoine a une fabrique de sang-
sues... quant à moi...

AIR : *Vaudeville de l'Apothicaire.*

L'ouvrag' n'a pas donné c't' été,
L'hiver je n'ai pas eu de chance...
Aussi, pour le Mont-de-Piété
Je n' manqu' pas de reconnaissance...
Mes profits n' sont pas apparens,
Jusqu'ici... je vis dans l'attente,
Je demeure chez mes parens,
Et mes effets sont chez ma tante!...

BALOCHARD, *arrangeant ses couleurs.*

C'est trop clair ; les états que tu m'indiques ne
me paraissent pas tous de nature à faire le bonheur d'une femme.

GAMBIN.

Eh bien, et mes trois oncles ?

BALOCHARD, *lui passant son pinceau sur la lèvre.*

Pas assez foncé !... Au fait, c'est ce que tu as
de mieux... Nous jaserons de ça plus tard, parce
que, vois-tu, ma fille... ma Drienne... c'est sacré !... et travailleuse, donc !... jamais ça ne sort ;
ça ne connaît au monde que son père et ses deux
petits frères ; aussi il lui faut un mari... tu me
comprends...

GAMBIN, *l'arrêtant.*

Compris... autre objet qui m'amène...

BALOCHARD.

Quel objet ?

GAMBIN.

La société des Bergers de Syracuse est réta-
blie...

BALOCHARD, *déposant sa palette.*

Quel coup de soleil !

GAMBIN.

T' as été déclaré harmonique à l'unanimité...
nous étions deux.

BALOCHARD.

Je reconnais mes frères.

GAMBIN.

De plus, le choix général t'a nommé président.

BALOCHARD.

Embrasse-moi... dis-le encore...

GAMBIN.

Les vice-présidens, c'est La Donve, Vincent
Bijou et Chicard. La société est amovible tous
les mois chez Passoir, faubourg du Temple. Le
fonds social est de quatre francs par tête, sans le
café.

BALOCHARD.

Oh ! les amis ! les vrais amis ! je leur consacre
ma lyre.

GAMBIN.

Moi, je suis nommé Momusien honoraire,
chargé de demander bis, et de remplir les verres.

BALOCHARD.

Gambin, je suis content de toi... laisse mourir
tes oncles, je ne te dis que ça... quant à Syracuse,
ils entendront parler de moi... j'ai mon idée, je
suis l'homme de l'inspiration... V'là l'atelier qui

rentre ; serre la main de ton ami, et file tout de
suite.

GAMBIN.

Oui, je cours leur apprendre que tu acceptes,
et je reviens t'annoncer l'jour et l'heure de la
première réunion de la société buvante, man-
geante et chantante.

SCÈNE VII.

LES MÊMES, LARMOYER, COELINA *et* LES
OUVRIERS *en plus grand nombre.*

CHOEUR.

AIR : *Mes amis, c'est à table.*

Au travail qu'on se r'mette ;
Il s' fait tard...
Que l'ouvrag' soi bien faite
Et sans r'tard.

BALOCHARD.

Tu le sais, j' suis lyrique,
J' suis bachique,
En fait d'art...
Les amis au piqu'nique
R'connaîtront tous Balochard...

CHOEUR.

Au travail qu'on se r'mette, etc.

*Gambin sort. Balochard entre dans le petit cabinet vitré
en emportant sa palette et ses brosses ; tous les ouvriers
sortent.*

SCÈNE VIII.

COELINA, *sur le devant du théâtre,* LAR-
MOYER, *dans le fond, prenant ses outils ; bientôt après,* ADRIENNE.

COELINA.

Allons, allons, mon p'tit homme, il n'y a plus
qu'une heure de travail ; dépêchons-nous.

LARMOYER.

Oui, oui ; ferme à l'outil, c'est ma devise...
T'a-t-on rendu la monnaie chez le marchand de
vin ?

COELINA.

J' crois bien... deux pièces vingt sous, au sé-
questre, dans ma poche, pour rire demain.

LARMOYER.

O femme économe, je te respecte !

Il se remet à l'ouvrage.

COELINA, *regardant au fond.*

Tiens ! qu'est-c' que c'est donc que c'te jeunesse qui vient là-bas, avec deux petits enfans ?

LARMOYER.

Une jeunesse !...

COELINA.

Ça n' te regarde pas... (*A elle-même.*) Elle les
laisse chez le portier... elle entre ici.

LARMOYER.

Dans l'atelier ?

COELINA.

Ça ne te regarde pas.

ADRIENNE, *avec timidité en entrant.*

Pardon, madame, pourrais-je parler à **M. La-nois**, le chef d'atelier?

COELINA.

Le contre-maître?... Pas visible pour le mo-ment.

LARMOYER.

Mais, si c'est queuqu' chose qu'on peut lui dire? (*Regardant Cœlina.*) Grondez pas, mame comme il faut.

COELINA, *avec importance.*

Si c'est pour de l'ouvrage, mon enfant, c'est inutile d'y penser, l'atelier est *pleine*, et on ne donne rien à faire en ville, ce n'est pas l'usage de la maison.

ADRIENNE.

Oh! ce n'est pas pour cela que je viens... (*La regardant avec attention.*) Eh! mais, je ne me trompe pas... je vous connais; vous êtes Cœlina Prudhomme!

COELINA.

Mon nom de fille... c'est moi-même.

LARMOYER.

Nous la connaissons !

ADRIENNE.

Comment! vous ne me remettez pas !... une pe-tite fille qui était en apprentissage, qui travail-lait avec vous dans les châles... Adrienne...

COELINA.

La fille de Balochard... Embrasse-moi donc, ma mignonne!

ADRIENNE,

Oh! bien volontiers!

Elle l'embrasse.

LARMOYER.

Mademoiselle Balochard, je vous rends mes devoirs.

COELINA.

Ça, c'est mon mari que je te présente.

LARMOYER.

Oui, mam'selle, c'est moi qui suis le mari d' ma femme, et en c'te qualité, permettez que j' vous embrasse.

COELINA.

Veux-tu t'en aller cambrer, toi?

LARMOYER, *retournant à son ouvrage.*

Je cambre, mon épouse.

COELINA.

Voyons, voyons, mon enfant, approche donc que je te regarde... Sais-tu que te v'là ben grande et ben gentille?

ADRIENNE.

J'ai dix-huit ans.

COELINA.

Tant qu' ça!... comme ça passe!... Il me sem-ble encore te voir toute petite, et déjà bonne tra-vailleuse et bien raisonnable.

ADRIENNE, *avec regret.*

Oh! oui, j'étais heureuse alors.

AIR : *du Domino Noir.*

A! je me rappelle ce temps ;
  J'étais, chez mes parens,
  L'aîné de trois enfans !...
    J'avais douze ans...
    Nous n'avions rien,
    Je m'en souvien;
  Mais, à défaut de bien,
  Ma mèr', notre trésor,
    Vivait encor...
Comme sur nous elle veillait !
Comme au ménage ell' m'élevait !...
Quand trop souvent mon père allait
    Au cabaret,
    Elle pleurait...
    Mais en secret:...
    Et travaillait,
    Tant travaillait,
    Qu'ell' se mourait.
    Près d'elle étaient
Mes deux p'titsfrèr's, qui jouaient ;
  Moi, qui la regardais,
    Et qui disais :
  Oh! mon Dieu, sauvez-la!
    Sans cela,
    Qui servira
De mère à ces deux enfans-là ?...

COELINA.

Pauvre Madeleine !...

ADRIENNE.
DEUXIÈME COUPLET.

Vaine prière, hélas !
Le bon Dieu ne m'entendit pas!
    Le ciel
    Fut bien cruel !...
    En un seul jour,
    A notre amour
Il la ravit bientôt, et sans retour...
  Quand sa main me bénit,
  Elle me dit :
« Pour moi, fille, tout est fini,
  » Approche ici,
  » Tes frèr's aussi...
  » Ces pauvres innocens
  » Deviennent tes enfans,
  » Sur terr' tu seras leur soutien,
  » Moi là-haut votre ange gardien... »
    Puis, après ça
    Elle pressa
  Ma main, qui se glaça;
  Son ame s'envola,
    Elle expira...
  Et moi seule déjà,
Avec mes douze ans, me voilà
  La mère de ces enfans-là...

COELINA.

Pauvre chère amie !... comme ça, c'est toi qui depuis ce temps-là leur sers de père et de mère; car, Balochard, on n' peut pas trop compter...

ADRIENNE.

C'est vrai... Mon pauvre père, il ne faut pas lui en vouloir; mais vraiment il me désole. Il n'y a presque jamais d'argent à la maison, et cependant il faut payer le loyer, les mois d'école ; je ne sais plus comment faire, et puisqu'il faut tout vous dire : je venais ici pour consulter **M. Lanois**, le contre-maître, lui demander s'il pouvait m'aider un peu, sans que mon père le sache, et surtout sans que ça lui fasse de peine.

COELINA.

Mais, mieux que ça... adresse-toi donc tout de suite à **M. Victor Morel**, notre jeune bourgeois.

ADRIENNE.

M. Victor... celui qui a ses magasins rue de Sèvres ?

COELINA.

Sans doute, un brave jeune homme, qui a le cœur sur la main, et qui a de quoi... qui va bientôt se marier, et qui comprendra ta position.

ADRIENNE, *émue.*

Non, non, j'aime mieux parler au contre-maître.

LARMOYER, *qui a été chercher un outil pendant ce qui précède, à part.*

Qu'est-ce donc qu'ell's peuvent avoir à jaboter ensemble ?

COELINA.

Veux-tu nous laisser tranquilles, toi, et ne pas écouter ?

LARMOYER.

J'ai égaré mon compas. Qui est-ce qui m'a effarouché mon compas ?

COELINA.

Tiens, mon enfant, le moyen est tout simple : ne parle à personne, et fais comme moi ; regarde ce cambreur-là, qu'est mon homme, il serait bachique aussi, si je le laissais faire.

LARMOYER.

Mais, oui... je gobelèterais... je gobelèterais...

COELINA.

Je n'entends pas qu'il s'amuse sans moi... je suis là le samedi... je touche la paie... et le dimanche, nous portons nos économies...

LARMOYER.

A la barrière...

COELINA.

Silence !... toi, ma fille, retiens mes conseils... l'homme n'est rien, la femme est tout... v'là bientôt l'heure d'la paie... reviens... et méfie-toi... je te ferai signe.

ADRIENNE.

Oh ! je n'oserai jamais...

COELINA.

J'oserai pour toi... moi !... sois tranquille... j'suis pas peureuse... Tiens, il me semble justement que j'entends la voix d'**M. Victor**... tu n'auras pas besoin d'attendre...

ADRIENNE, *troublée, à part.*

M. Victor !... (*Haut.*) Je reviendrai, Cœlina... je vous remercie... je suivrai vos conseils... mais en ce moment il faut que je reconduise mes frères.. je reviendrai... je reviendrai...

Elle sort vivement.

<hr>

SCENE IX.

LARMOYER, COELINA :

LARMOYER.

C'est particulier... on dirait qu'elle a peur de **M. Victor**...

COELINA.

Qu'est-c' que ça te fait à toi ?

LARMOYER.

Mon épouse, vous m' rendez très-malheureux...

COELINA.

Tu n'as pas le droit d'aspirer au bonheur pendant la semaine... je t'en accable le dimanche... tu n'as rien à dire...

LARMOYER.

C'est juste !

COELINA.

Quant à la chose qui vient de se passer... tu n' sais rien... mais si tu as le malheur de dire quelque chose à Balochard... je ne t'emmène pas demain...

<hr>

SCENE X.

LES MÊMES, LANOIS, OUVRIERS.

LANOIS, *en colère, appelant.*

Trubert ! Gaucher ! Larmoyer ! (*Les ouvriers entrent.*) C'est désolant... voilà trois fois que l'on revient pour cette commande qui est promise depuis huit jours.

LARMOYER.

Contre-maître... je ne prends pas ça pour moi.. j'en ai épluché du copeau... c'te semaine...

LANOIS.

Et qui est-ce qui te parle à toi ?...

COELINA.

C'est p't'être à moi ?... depuis hier je suis sur mes coussins...

LANOIS.

Ce n'est point à votre égard que je suis contrarillié... si seulement ce Balochard avait avancé sa besogne...

LARMOYER.

Voulez-vous que j'aille voir ?...

LANOIS.

Non... qu'on ne le dérange pas... il travaille...

<hr>

SCENE XI.

LES MÊMES, BALOCHARD.

BALOCHARD, *en dehors.*

J'ai fini !...

TOUS.

Ah !...

LANOIS.

Eh bien... à la bonne heure !... quand il veut

travaillier, celui-là, il n'y a pas son pareil... il n'a
pas son maître à l'atelier... Il a fini, je vas le
dire au bourgeois.

Il sort un moment.

BALOCHARD.

J'ai fini ma romance...

TOUS.

Une romance... fameux... faut nous la chanter!...

BALOCHARD.

La romance demandée... voilà... Le *Loupeur
de Paris*... premier couplet, paroles et musique
dudit.

PREMIER COUPLET.

Air *nouveau de M. Masset.*

Voilà l'histoire
Facile à croire
Du loupeur,
Du flâneur,
Qui n' fait rien
Et fait bien!
Voilà l'histoire, etc.
Il se lève un peu tard,
Sans chandelle.
Dès que l' plaisir l'appelle
Sur l' boul'vart,
Vous l' voyez l' nez au vent
Qui s' promène.
L' rogomist' bien souvent,
A sa première étrenne;
Puis de là
Il se coule
Au milieu d' la foule
Qui, dans Paris, déjà,
S'amass' par-ci par-là.
C'est d' la correctionnelle
Un fidèle.
On n' jug' pas de voleurs,
Et même de tapageurs,
Sans qu'on l' voye s' faufiler à côté d'un soldat,
Ou derrière l'avocat.
Là, plein d' joye,
Il s' déploye,
Qu'es-c' que c'est?...
Un barbet
Qui se noye?
Le v'là prêt,
Zeste, il est
L' premier sur l' parapet.

Ah! la pauv' bête! qué beau caniche! Madame,
c'est-t'y à vous c' toutou-là? j' trouve qui vous ressemble. Faut pas avoir d'entrailles d'exterminer
un si bon animal. — C'est pas moi qui ferais de
ces infamies-là. — Je l' vendrais putôt. Bon, le
v'là qui nage. — Il arrivera, il n'arrivera pas. —
Le v'là su' l' bord; bravo! bravo! bis.

TOUS, *applaudissant.*

Bravo! bravo!...

BALOCHARD.

Voilà l'histoire, etc., etc.

DEUXIÈME COUPLET.

Puis tout le long du quai,
Leste et gai,
Y r'gard' les étalages,
Et contempl' les images,
Y' flân' dans les passages,

Vrai gamin,
Galopin,
En tous lieux,
De son mieux,
Y s' faufile (*bis.*)
Sous l' nez du sergent d' ville,
Qui lui fait de gros yeux.
Son dîner est un' part de galette
Qu'il achète,
Et l' coco,
A gogo,
Fait couler le gâteau.
Enfin on le r'marque
Quêtant une contremarque
D'vant l' Cirqu' Franconi,
Où sa journée finit.

Oh! donnez-moi votre billet, not' bourgeois, si
vous ne rentrez pas; oh! décoré! — Chouetteau,
merci, mon général. — Oh! eh! laissez donc passer! A la porte! à la porte! — A bas la cabale!
L'auteur! l'auteur! Et il sort le dernier, en applaudissant le pompier qui paraît sur le théâtre
avec sa lanterne.

TOUS.

Bravo! le pompier!...

BALOCHARD.

Et v'là l'histoire,
Facile à croire,
Du loupeur,
Du loulou, du loupeur de Paris;
Oui, voilà, voilà, mes amis,
L' vrai loulou, le loupeur de Paris,
Voilà le loupeur (*bis*) de Paris.

~~~~~~

SCENE XII.

LES MÊMES, GAMBIN, *qui vient d'entrer au milieu du dernier couplet et s'est arrêté.*

GAMBIN.

C'est sublime!... vive le président...

Il se jette dans les bras de Balochard.

GAMBIN *et* BALOCHARD, *se tenant enlacés.*

Et v'là l'histoire, etc.

CHOEUR.

Voilà le loupeur, le loupeur de Paris.

LANOIS, *qui est rentré à la reprise du chœur.*

Les loupeurs!... les loupeurs!... est-ce que je
loupe moi?... et cependant mes moilliens me le
permettent...

TOUS.

Bravo! bravo! Balochard!...

*Ils dansent sur la ritournelle, M. Lanois, au comble de
la fureur et las de crier sans pouvoir se faire entendre, frappe avec un marteau sur l'enclume.*

LARMOYER.

Je ne peux plus parler! je vais mourir d'apo-
plexie foudroyante!

TOUS.

Ohé! le contre-maître!
~~~~~~

SCENE XIII.

Les Mêmes, VICTOR, *entrant avec un registre sous le bras et un sac d'argent à la main.*

VICTOR.

Eh bien! quest-ce que c'est donc? ont-ils tous perdu la tête?

LARMOYER.

La paye! la paye! rangez-vous!... respect à la monnaie. Silence, on va faire l'appel *lominal.*

VICTOR, *pendant ce qui précède, s'est placé à une petite table, devant son registre ouvert.*

Lévèque.

L'OUVRIER.

Présent, bourgeois.

VICTOR.

Voilà ton compte; tu as fait toute ta semaine et deux veillées; voilà tes vingt-deux francs... c'est bien, je suis content.

L'OUVRIER.

Et moi aussi, bourgeois.

VICTOR, *appelant.*

Hippolyte Gageot... Est-ce qu'il n'est pas là?

LARMOYER.

Non, bourgeois... absent pour cause de conscription; il a tiré avant-hier, et depuis ce temps-là il roule en fiacre avec des rubans tricolores.

VICTOR, *appelant.*

Larmoyer, dit l'Engourdi.

COELINA, *s'avançant.*

Présent, c'est trente-trois francs qui nous reviennent à nous deux. (*Victor la paie; à son mari.*) Tiens, v'là quinz' sous et demi, pour ton tabac.

Elle met l'argent dans sa poche.

LARMOYER.

C'est pas de r'fus, la bourgeoise... en v'là une femme de ménage!

VICTOR, *appelant.*

Balochard.

BALOCHARD.

Voilà! toujours prêt à la solde.

LANOIS.

Du tout, je m'oppose à toute espèce de paillement.

BALOCHARD.

Je sais que je suis en arrière; mais vous avez toujours le droit de me faire des avances.

LANOIS.

Je m'y oppose; qu'on lui montre son compte à ce scélérat-là!... Tiens, brigand, regarde!... tu redois quarante-deux sous... voilà ce qui te revient.

VICTOR.

Vous êtes dans votre tort, Balochard; vous nous avez mis dans un grand embarras, cette semaine...

tout peut encore se réparer, il faut être bon enfant. Je n'ai pas oublié que mon père n'était pas un maître pour vous, que c'était un ami. Mais les meilleurs ouvriers doivent donner l'exemple, et vous êtes un fameux, vous.

LANOIS.

Quand vous voulez!

BALOCHARD.

Nous sommes d'accord... qu'on m'avance vingt francs, et à commencer de mardi je suspends ma lyre.

LANOIS.

Il suspend sa lyre!....

VICTOR.

Nous ne nous entendons plus... comme nous sommes très-pressés, il faut me donner votre demi-journée demain, et lundi tout entier.

BALOCHARD.

Travailler le lundi et le dimanche!... par exemple!... pour qui me prend-t-on?

COELINA.

Et notre piqu'nique?...

LARMOYER.

Au Moulin d' Beurre?...

GAMBIN.

Et Syracuse?...

BALOCHARD.

Demandez-moi mon sang, ma vie; dites à la colonne de la place Vendôme de danser la cracovienne; mais demander à Balochard son dimanche et son lundi!... jamais, jamais!

VICTOR, *se levant.*

Balochard, c'est avec regret que je me séparerai de vous; mais vous m'y forcez : vous êtes libre; dès aujourd'hui vous pouvez chercher un autre atelier.

Adrienne paraît au fond.

LANOIS.

C'est bien fait! il faut qu'un maître soit maître.

BALOCHARD.

C'est-à-dire que vous me chassez! Eh bien! non, c'est moi qui me renvoie moi-même.

FINAL.

AIR : *Entre nous plus de mariage* (de Riquiqui).

C'est fini, Balochard vous quitte;
Il s' fiche bien de votre atelier!
Pour le travail et la conduite
Cherchez un meilleur ouvrier.

ENSEMBLE GENERAL.

COELINA, LARMOYER, OUVRIERS.

Quel malheur! Balochard nous quitte,
Lui, le premier de l'atelier!
Pour un mot, fallait-il si vite
Chasser un si bon ouvrier?

GAMBIN, BALOCHARD.

Oui, bourgeois, etc., etc.

ADRIENNE.

Quel malheur ! mon père le quitte!
Trouv'ra-t-il un autre atelier ?
Pour un mot, devait-il si vite
Chasser son premier ouvrier ?

LANOIS.

Pour toujours Balochard nous quitte !
C'est un bonheur pour l'atelier;
Pour le travail et la conduite,
Il faut compter sur l'ouvrier.

VICTOR, *à part.*

Il le veut! eh bien, qu'il nous quitte,
Il dédaigne de me prier;
Je ne puis, après sa conduite,
Le conserver dans l'atelier...
       Partons.
       Partez.
       Il part!

ADRIENNE, *se montrant.*

Mon pauvre père! quel avenir...

VICTOR, *à part.*

Qu'ais-je entendu ! c'était sa fille !

ADRIENNE, *à Cœlina.*

Seul soutien de notre famille,
Lui, sans ouvrag', que va-t-ell' devenir ?

BALOCHARD.

Voyons, voyons, pleure pas, Drienne.
Devant les maîtr's faut d' la fierté.
Si vous croyez qu' ça m' fait d' la peine,
Il m' rest' ma lyre et ma gaîté.

REPRISE DE L'ENSEMBLE.

Oui, bourgeois, etc.
Quel malheur, etc.
Pour toujours, etc.
Il le veut, etc.

ACTE DEUXIÈME.

DIMANCHE.

Le théâtre représente le logement de Balochard ; c'est une chambre d'ouvrier, pauvrement meublée, mais propre. Au fond, une porte, une fenêtre mansardée ; à droite et à gauche, au second plan, porte de cabinet. Une guitare est supendue à la muraille. A droite, une table; à gauche, une armoire.

SCENE PREMIERE.

BALOCHARD, *seul.*

Au lever du rideau, il se promène pensif sur le devant de
la scène, les deux mains dans ses goussets.

Dimanche... et pas l' sou!... oh! j'ai beau mettre les mains dans mes goussets, rien dans les mains, rien dans les poches... je suis aplati, tout ce qu'il y a de plus aplati. (*Il donne un coup de pied dans une chaise.*) Vas-tu pas te déranger, toi? Et ma fille, qui va me donner un savon royal!... elle ne m'a rien dit hier au soir en rentrant; elle me gardait ça pour mon dimanche; c'est une attention d' sa part... Oh! la v'là, je crois... oui, elle sort de sa petite chambre... prenons ma lyre... (*Il détache sa guitare.*) Je suis triste comme un bonnet de coton de soie noire; mais c'est égal, chantons la gaîté.

Il s'accompagne et chante tristement.

Le vin, l'amour, la gloire et le tabac,
Ça fait toujours du bien à l'estomac !

SCENE II.

BALOCHARD, ADRIENNE.

ADRIENNE, *sortant de sa chambre, à part.*

Il chante! oh! tant mieux! (*Elle court à lui, et va l'embrasser.*) Bonjour, père!

BALOCHARD, *embarrassé.*

Bonjour, bonjour, mon enfant! (*La regardant.*) Comment, tu ne me grondes pas?

ADRIENNE.

Vous gronder!... pourquoi ça? parce que hier l'on vous a fait une sottise ?

BALOCHARD.

C'est vrai, au fait... ils sont dans leur tort... me dire de chercher de l'ouvrage, sous prétexte que je n'ai rien fait de la semaine!... c'est injuste... vois-tu, ton M. Lanois, il est bête comme une huître, et quant à M. Victor, c'est un p'tit bourgeois de deux liards qui veut faire sa tête, pas autr' chose...

ADRIENNE.

Traiter ainsi un père de famille, un homme comme vous !

BALOCHARD.

Drienne, tu es fière de ton père, et t'as raison. Fille d'artiste, vraie fille d'artiste, c'est dan l' sang, ça... les maîtres, c'est tous des faignans, et j' les méprise... je ne veux plus travailler pour eux; je me livre aux beaux-arts, rien qu'aux beaux-arts! (*Il fait un bruyant accord sur sa guitare.*) Broum !... broum !...

Il chante.

Ça fait toujours du bien à l'estomac.

ADRIENNE.

Eh bien! et de l'argent ?...

BALOCHARD.

Ah! oui, d' l'argent, j' n'y pensais plus, moi... mais puisque tu dis qu'ils m'ont fait une sottise...

ADRIENNE.

Il n'y a pas qu'une maison à Paris, Dieu merci! et dès lundi le travail ne vous manquera pas.

BALOCHARD.

Oh! certainement, dès mardi... mais, à propos de travail, il me semble que tu as dormi bien tard, ce matin?

ADRIENNE.

J'étais occupée à raccommoder et à habiller mes deux petits frères.

BALOCHARD.

Ah! oui... les mioches!...

ADRIENNE.

Leur maître d'école les emmène à la messe, ensuite à la promenade, et j'ai voulu les faire aussi beaux que leurs petits camarades.

BALOCHARD.

Bonne fille!... oh! t'es bonne fille! pauvre chérie! c'est leur mère. Elle remplace ma bonne Madeleine; elle trouve moyen de travailler pour les entretenir, les habiller, les éduquer! Mais viens donc m'embrasser, ma Drienne!... Vois-tu, toi, tu mérites le prix d' vertu, et si l' gouvernement était juste, il te le donnerait, rien que pour avoir un père comme moi.

ADRIENNE.

Papa, voilà les enfans!

~~~~~~

SCENE III.

LES MÊMES, LES DEUX ENFANS.

LES ENFANS, *en entrant.*

Bonjour, papa!

BALOCHARD.

Approchez, moutards! Sont-ils ficelés, ces p'tits fats-là! on dirait des enfans d'agent de change... (*Il s'assied.*) Allons, haut! de la gymnastique! sautons sur les genoux à papa! En v'là un qui me ressemble joliment, le même nez... Mouche-toi donc, Gugus... Et Polyte, j' suis sûr qu'il sera lyrique; il chante déjà pas mal Malbrough; pas vrai, Polyte?

ADRIENNE.

Je suis contente d'eux, père! ils ont bien travaillé...

BALOCHARD.

Ils ont bien travail...

ADRIENNE.

Toute la semaine.

BALOCHARD.

Toute la semaine! (*A part.*) Bon! attrape! le dicton est à son adresse... mets ça à la caisse d'épargne! (*Haut.*) Eh bien! il faut les régaler.

Il fouille dans son gousset.

ADRIENNE.

Ils ont tout ce qu'il faut dans leur petit panier.

BALOCHARD, *faisant signe qu'il est sans le sou.*

C'est ben heureux pour eux! Au fait, tu as raison, ça donne de mauvaises habitudes... à l'enfance. Baisez-moi, moutards, et songez à être actifs et laborieux comme... comme ceux dont c'est le caractère, si vous voulez devenir un jour des citoyens honorables, obtenir plusieurs médailles

et être de vertueux pères de famille. (*Il se lève e les remet à terre.*) Je vous donne... (*Les enfans tendent la main*) ma bénédiction.

ADRIENNE.

Dites adieu à votre père.

BALOCHARD, *les embrassant.*

Allez, les moutards! apprenez bien b, a, ba, et surtout b, u, bu!

VOIX *en-dehors.*

Eh! eh! Balochard! Balochard!

BALOCHARD.

C'est la voix d' Gambin.

ADRIENNE, *à part.*

Lui! (*Haut.*) Il faut que je me dépêche... on les attend peut-être.

BALOCHARD.

Eh bien! laisse-les aller tout seuls; c'est au bout de la rue, de ce côté-ci... reste.

ADRIENNE, *aux enfans.*

Sur le trottoir à gauche, jusqu'au bout de la rue... Allez le long des maisons et prenez bien garde aux voitures.

Elle les embrasse; ils sortent.

BALOCHARD, *aux enfans, qui sortent.*

Et ne vous arrêtez pas devant les épiciers à renifler les pruneaux. (*A Adrienne.*) Je tiens à ce que vous restiez, mademoiselle Balochard.

ADRIENNE.

Je reste, mon père, je reste.

~~~~~~

SCENE IV.

ADRIENNE, BALOCHARD, GAMBIN, *endimanché, plutôt en élégant de mauvais goût qu'en ouvrier; il entre en sautillant et en chantant; il fait sauter une pièce de cent sous dans sa main.*

GAMBIN, *chantant.*

L'oncle a lâché cent sous,
La brique don daine,
C'est une bonne aubaine,
Divertissons-nous.
L'oncle a lâché cent sous... ouh!

BALOCHARD.

Eh ben! qu'est-c' que tu as donc? est-c' que t'as été mordu par des z'hannetons?

GAMBIN.

O le meilleur des oncles! le meilleur des trois seconds pères que la nature m'a fait cadeau quelle carotte je t'ai tirée là. (*A Adrienne.*) Mamselle, je vous présente mes civilités.

ADRIENNE.

Monsieur, je vous salue.

GAMBIN.

J'espère qu'avec le temps vous comprendrez les intentions de monsieur votre père. M'agine-toi, Balochard, que je me trouvais ce matin privé des fonds nécessaires pour le pique-nique de Syracuse.

BALOCHARD.

Je connais ces inconvéniens-là.

GAMBIN.

Et vois-tu, un lyrique, un élève de Balochard

est incapable de faire un pouf pour le liquide et la consommation.

BALOCHARD.

Incapable !

Adrienne se met à ranger la chambre.

GAMBIN.

Qu'est-ce que je me dis ? je m'dis : Gambin, tu as trois oncles, tous trois très–pince–maille ; fouille dans leur cœur pour voir s'il y a quelque chose... Je me mets dans toute ma beauté, et je vas chez mon oncle Antoine, le plus cossu, pas mal sourd ; je lui dis : Noncle, c'est pas tout ça, il s'agit d'une souscription pour les bergers de Syracuse... Tu vas trop rire ; avec sa patraque d'oreille il est très–patriote, il entend les blessés de Syracuse, il lâche la roue de derrière plein de bienfaisance... la v'là, et si tu veux, je paie le blanc au profit des Grecs.

BALOCHARD.

Ta famille est très-respectable.

GAMBIN.

Ils en ont là, en bas, à la Biche, un petit vin blanc pompadour, que t'en seras amoureux.

Il chante :

Petit blanc, mon bon frère...
Ah ! petit vin blanc si doux...

BALOCHARD, *l'interrompant et lui montrant*
Adrienne.

Tais-toi donc, ne l'évente pas.

GAMBIN, *à part.*

T'as raison ; connu, connu ; laisse–moi faire. (*Haut.*) Eh bien ! ta barbe n'est pas encore faite, un dimanche ?... Tu ne viens pas chez le Figaro ?

Il fait signe de boire.

BALOCHARD.

Tiens ! j'y pensais ! (*A part.*) Est-il fin ce rat-là ! n'y a pas de souris pareille... qué rat ! qué rat !

ADRIENNE.

Ne soyez pas trop long–temps, mon père.

BALOCHARD.

Ah ! mon Dieu, non... seulement d'av... j'veux dire d'aller et revenir.

GAMBIN, *à Adrienne.*

Mamzelle Adrienne, j'aurais bien des p'tites choses à vous dire... mais le sentiment délicat, hein ?... Et pour le reste, je m'en réfère aux intentions de monsieur votre père, qui me convient sous tous les rapports. (*Faisant un nouveau signe de boire.*) Houp ! chez le notaire.

GAMBIN *et* BALOCHARD.

AIR : *Petit Blanc.*

Petit blanc, mon bon frère,...
Ah ! petit vin blanc si doux,
Viens remplir notre verre
De tes jolis glouglous...

Ils sortent.

SCENE V.

ADRIENNE, *seule.*

Que veut–il dire ? est-ce que, par hasard, mon père songerait sérieusement à ce mariage ? Oh ! cela ! jamais, par exemple... certainement je n'aime personne... mais ce mauvais sujet-là, je le déteste. Pauvre père ! c'est heureux pour lui encore qu'il soit insouciant... mais il faudra bien lui dire pourtant notre cruelle position... Si M. Victor ne l'avait pas renvoyé, il n'aurait rien su. Mais pourquoi donc le nom de ce M. Victor me revient-il sans cesse ? Est-ce que je l'aimerais, mon Dieu ! Oh ! non, non. (*Après une pause.*) Rien à la maison ! comment faire ? comment faire ? Que je suis donc malheureuse ! Et cependant si je perds courage, qu'est-ce que nous deviendrons tous ? Ah ! monsieur Victor ! mon père ! mes pauvres petits frères !

Elle se rassied, prend son ouvrage et travaille avec ardeur.

SCENE VI.

ADRIENNE, LANOIS.

Lanois pousse la porte, qui était restée entr'ouverte, et demeure un moment en contemplation devant Adrienne.

LANOIS, *à lui-même.*

Pauvre petite ! si assidue ! un dimanche ! elle excite mon admiratillion.

ADRIENNE, *se levant.*

Ah ! c'est vous ! vous, monsieur Lanois ? je savais bien que le ciel m'enverrait un protecteur.

LANOIS.

Je prendrai une chaise, si vous le permettez : on ne monte pas impunément six étages quand on est possesseur d'une pareille complexillion.

ADRIENNE, *lui donnant une chaise.*

Vous avez chaud ; voulez-vous un verre d'eau ? il me reste encore un peu de sucre.

LANOIS.

Bien obligé ! bien obligé ! je ne bois jamais entre mes repas, ça gâte le dîner. Ah ! ouf ! (*Il s'évente avec son mouchoir.*) Savez-vous qu'il y a une trotte d'ici à la barrière du Maine ? car il faut vous dire que j'ai élu mon domicile politique dans la banlieue, extra-murailles... j'y trouve l'avantage de posséder un jardin, huit pieds carrés, où je cultive avec succès la capucine et le gobéa. Vous devinez sans doute, jeune fille, que je viens à propos de l'auteur de vos jours.

ADRIENNE.

Mon père est absent, il est chez le perruquier.

LANOIS.

Chez le perruquier ? j'aurais plutôt supposé qu'il se trouvait chez un autre industriel.

ADRIENNE.

Si vous le désirez, j'irai vous le chercher.

LANOIS.

J'aime autant me passer de sa socilliété. Or donc, j'arrive au fait sans le plus modeste préambule... M. Victor et moi, nous avons fait la réflexillion...

ADRIENNE, *vivement.*

Vous venez de la part de M. Victor ? (*A part.*) Ils veulent le reprendre.

LANOIS.

De sa part et de la mienne... mais beaucoup plus de la sienne, vu que je ne jouis que d'un dixième dans les bénéfices de la maison.

ADRIENNE.

Il n'est donc pas si méchant, si dur au pauvre monde qu'il m'avait paru hier ?

LANOIS.

Lui! il n'a pas plus de fiel qu'un... Je ne trouve pas le nom de l'insecte.

ADRIENNE.

Ah! tant mieux, j'étais si malheureuse de lui en vouloir, d'être en colère contre lui !

LANOIS, *à part.*

Hum! hum! Est-ce que, par hasard, elle aussi, de son côté... Je ne connais pas l'amour, quoique mes moilliens me le permettent... mais il me semble, il faut à tout prix que je provoque une séparatillion.

ADRIENNE, *qui a prêté l'oreille, avec joie.*

Monsieur Lanois, voilà mon père qui revient.

LANOIS, *avec malice.*

De chez le perruquier.

SCENE VII.

LES MÊMES, BALOCHARD.

BALOCHARD, *chantant.*

Air *du Postillon de Lonjumeau.*

Qu'il était bon !...   (*bis.*)
Le petit blanc... le gai piqu'ton...

(*Voyant Lanois.*) Que vois-je?... un contre-maître chez moi !...

LANOIS, *avec dignité.*

Ça ne va donc pas mieux ?

ADRIENNE.

Mon père... ce bon monsieur Lanois vient nous proposer une chose qui...

BALOCHARD.

Je devine le quolibet... On ne peut pas finir les panneaux que j'ai commencés... On ne trouve que des barbouilleurs, des rapias... et on réclame les pinceaux de Balochard.

LANOIS.

Erreur n'est pas compte... Les panneaux sont terminés... M. Victor, qui est élève de ton père, a passé la nuit, et la commande a été livrée et reçue par acclamatillions!...

BALOCHARD, *avec humeur.*

Qu'est-ce qu'on me veut alors ?

LANOIS.

Te faire gagner des semaines de cent francs...

de cent vingt francs... Cela ne dépend que de toi...

ADRIENNE, *à part.*

Quel bonheur!

BALOCHARD, *ironiquement.*

Et dans qué rue qu'on paye comme ça?

LANOIS.

Il ne s'agit que de prendre un passeport qui coûte dix francs... un passeport pour l'étranger.

Mouvement d'Adrienne.

BALOCHARD.

Hors de France !... Est-c' qu'on veut m'envoyer en Alger... travailler pour... Abdel-Kader?...

LANOIS.

Pas si loin !... Nous nous sommes dit : A Berlin ou à Amsterdam, chez un de nos correspondans, Balochard, avec son talent, est capable de gagner quinze à vingt francs par jour, et de revenir au bout de quelques années, avec sa famille, tout-à-fait guéri de ses habitudes harmoniques, et possédant pour son compte pas mal de noyilliaux !

BALOCHARD.

Ah! oui-dà !...

ADRIENNE.

Et c'est M. Victor qui a eu l'idée de l'éloigner avec sa famille?

LANOIS.

Non, l'idée est de moi seul, quoique je ne possède qu'un dixième dans les bénéfices... Eh! eh! belle Adrienne, vous pourriez faire là-bas un joli mariage prussien ou hollandais.

ADRIENNE.

Je ne me marierai pas hors de mon pays... je ne me marierai jamais... Mais j'y suis bien décidée, je partirai quand mon père le voudra.

LANOIS!

Charmante enfant !... Quel dommage qu'elle ait un père !... Eh bien! Balochard?...

BALOCHARD.

Eh bien, contre-maître, je refuse... M'expatrier !... merci !... Moi, chaud!... moi, lyrique !... moi, inspiré !... j'irais dans des pays inconnus où l'on parle le langage barbare du nord! Was, flin, flour, der krasnick, trin, trin, trin!... Faites donc des chansons là-dessus !

AIR : *Non, non, jamais.* (*Le Code et l'Amour.*)

Mes amis,
Et mon pays,
Mes chansons et ma barrière,
    J' vous révère,
    Je vous vénère...
J' suis enfant de Paris !...
Laissez-moi mon Paris,
J' veux rester à Paris,
J' suis enfant de Paris,
J' veux rester à Paris!...
Dans les climats de la choucroute
D' mon talent j'irais faire trafic!
Où, quand vous demandez la goutte,
On vous répond : *Ein glass der sch' niq...*
En passant la frontière
Je s'rais saisi d'effroi...
Le brouillard et la bierre,
C'est trop malsain pour moi!...

Mes amis
Et mon pays, etc. , etc.

DEUXIÈME COUPLET.

Eh quoi! de tout c' qui m'environne
Je m' verrais donc doublement veuf!
Je n' saluerais plus la colonne,
Je n' verrais plus mon vieux Pont-Neuf...
    Non, pas d' rive étrangère!
    Fi de Vienne ou d' Berlin !
    Au Danube je préfère
    Le canal Saint-Martin.
      Mes amis
    Et mon pays, etc., etc.

LANOIS.

Balochard, j'espère que ce n'est pas là ton dernier mot.

BALOCHARD.

Mon premier... mon dernier, et mon tout... voilà la charade.

LANOIS.

Alors, je ne peux pas te cacher que tu es un mauvais père.

ADRIENNE.

Monsieur Lanois !...

BALOCHARD.

Silence, Drienne !...

LANOIS.

Des chansons !... Ah! voilà le grand mot lâché !... C'est pour tes chansons, pour tes bêtises...

BALOCHARD.

Mes bêtises !... Il a dit des bêtises !...

LANOIS.

Oui, je le réitère... un tas de méchantes complaintes... des stupidités... des puérillités !...

BALOCHARD.

Il outrage Momus !... il aplatit mon luth galant !... Je ne vous tutoie plus... Sors de mon domicile !...

LANOIS.

Tu me chasses ?

BALOCHARD.

Chacun son tour !...

ENSEMBLE.

Air de la Femme de Ménage.

Me parler ainsi !
Ah ! pour ma lyre quelle offense !
    Sors... sortez d'ici !
Entre nous plus de connaissance...
    C'est aussi trop fort,
    Ça me donne le transport ;
De Balochard regarde bien la porte...
Ton maître et toi, le diable vous emporte !
    Un pareil affront !
    Ah ! ça n'a pas de nom.

ADRIENNE, *à part.*

Lui parler ainsi !
Vraiment, mon père est en démence ;
    Le chasser d'ici,
Lui, sa plus vieille connaissance !
    C'est aussi trop fort,
    Et mon père a tort...
Son vieil ami, le traiter de la sorte !
L'injurier et le mettre à la porte !
    Un pareil affront !
    Ah ! ça n'a pas de nom !

LANOIS.

Me parler ainsi !
Ah ! Balochard est en démence ;
    Me chasser d'ici,
Moi, sa plus vieille connaissance !
    C'est aussi trop fort !
    Tu n'es qu'un butor ;
Plus d'amitié, dehors je me transporte.
Lanois jamais ne passera ta porte.
    Un pareil affront
    Ah ! ça n'a pas de nom !

SCENE VIII.

BALOCHARD, ADRIENNE.

Adrienne, sans dire un mot, va se remettre à sa place, et travaille avec une vitesse qui trahit son agitation intérieure.

BALOCHARD.

Qu'il y revienne !... cette vieille bête-là... As-tu vu comme je l'ai traité ?... (*Silence d'Adrienne.*) Est-ce pas, Drienne, que j'ai bien fait ?... (*Elle continue à travailler et à se taire.*) Eh bien ! est-ce que t'as perdu ta langue ?... (*Même silence.*) Me dire que mes chansons, c'est des bêtises !... et ça, chez moi !... dans mon appartement !... Est-ce pas, ma fille, que tu ne l'aurais pas souffert non plus ?... (*Adrienne ne répond pas et ne fait aucun signe.*) Ah çà !... me répondras-tu, à la fin ?... cré mille noms d'un nom !...

Il frappe du pied.

ADRIENNE.

Oh! mon père, ne jurez pas !... ne vous emportez pas... Je ne vous ai rien fait, moi !

BALOCHARD.

Certainement, que tu ne m'as rien fait; mais j' n'aime pas qu'on ait l'air de me donner tort, quand j'ai raison.

ADRIENNE.

Eh bien! oui, mon père... vous avez raison.

BALOCHARD.

A la bonne heure !... je suis content... c'est-à-dire que je serais content si j'avais seulement quelques pièces vingt sous... pour mon écot de c' soir à Syracuse.

ADRIENNE, *à part.*

Mon Dieu !... il ne pense qu'à cela... S'il savait...

BALOCHARD, *ouvrant une armoire.*

N'y a plus d' monnaie dans l'ormoire ?

ADRIENNE.

Vous le savez bien.

BALOCHARD.

Bête d'ormoire ! et dire que j'ai promis, et que Gambin est allé commander le piqu'nique pour ce soir ! Si j'avais encore ma montre d'argent... mon petit cheval blanc... comme ça me botterait !

UNE VOIX, *dans la rue, criant.*

Marchand d'habits... habits, vieux galons !...

BALOCHARD, *à part.*

Oh! une idée. (*Haut.*) Dis donc, Drienne,

est—ce que mon habit bleu ne s' mange pas un peu aux vers?

ADRIENNE.

Oh! non, mon père; je le visite de temps en temps.

BALOCHARD, *tirant l'habit de l'armoire.*

On peut dire qu'il n'est guère à la mode, celui-là... queue de morue, et puis des habits, on n'en porte plus... j'ai une belle redingote neuve, tu sais, qui est là-bas, au Mont Saint-Jean... elle me va bien mieux.

ADRIENNE, *à part.*

Qu'est—ce qu'il veut donc faire?

LA VOIX, *dans la rue.*

Habits... vieux galons!

BALOCHARD, *ouvrant la fenêtre.*

Il m'en donnera toujours bien dix francs. (*Il appelle.*) Eh! marchand d'habits... ici, au sixième.

ADRIENNE.

Comment, vous voulez le vendre?

BALOCHARD.

Eh bien! après tout... il est payé.

AIR: *O mon habit, etc.*

Oui, je m' décide enfin à m'en défaire,
Un r'pas vaut mieux qu'un vieil habit...

ADRIENNE.

Mais, c'est pour vous un souvenir, mon père,

BALOCHARD.

Un souvenir! ah! qu'as-tu dit?
Oui, lorsque j'épousai ta mère,
Lorsqu'à l'Eglis' je conduisis ses pas...
Not' bouquet d' noc's parait ta boutonnière:
Mon vieil ami, ne nous séparons-pas,

DEUXIÈME COUPLET.

Non, non, jamais... je n'aurai ce courage:
Tu m' rappell's mon bonheur passé.,.
Ma pauvre femme, qui me rendait plus sage,
Ma bonn' Mad'lein' si souvent t'a brossé!...
Les jours de fêt' comme on la trouvait belle,
Quand j' t'endossais pour lui donner le bras!...
Et j' te vendrais, quand tu me parles d'elle...
Mon vieil ami, ne nous séparons-pas.

ADRIENNE, *se jetant dans ses bras.*

Oh! mon père, que je vous aime!...

SCENE IX.

LES MÊMES, LE MARCHAND D'HABITS.

LE MARCHAND, *entrant.*

C'est ici qu'il y a des effets à vendre?

BALOCHARD, *cachant l'habit derrière son dos.*

Connais pas... c'est peut-être au septième; montez à l'échelle.

LE MARCHAND.

Du tout!... je r'mets bien votr' voix, c'est vous qui m'avez appelé.

ADRIENNE.

C'est une erreur; nous n'avons rien à vendre mon brave homme, nous sommes bien fâchés de votre peine.

LE MARCHAND.

Comme c'est agréable! monter six étages pour

rien... Eh bien, appelez-moi une autr' fois, quand vous aurez des guenilles à vendre...

BALOCHARD.

Qu'est-ce que c'est que ça, des guenilles!... attends, attends, mauvais chiffonnier... (*Le marchand se sauve.*) Ah! ah! il descend plus vite qu'il n'est monté, je t'en réponds.

Il a remis l'habit à Adrienne qui l'a replacé dans l'armoire.

LE MARCHAND, *criant en bas.*

Marchand d'habits!

SCENE X.

ADRIENNE, BALOCHARD.

ADRIENNE.

Mon pauvre père... comme je suis fâchée de ne pas avoir un peu d'argent! je vous l'aurais donné, et vous auriez pu faire votre dimanche.

BALOCHARD, *la câlinant.*

Comment! tu n'as pas quelque bonne cachette? quelque boursicot dans un petit racoin?

ADRIENNE.

Oh! mon Dieu, non; le restant de ce que j'ai gagné, cette semaine, a servi à payer le mois de mes petits frères à leur école.

BALOCHARD.

T'as bien fait d' payer, il ne faut pas faire dé dettes.

ADRIENNE.

Malheureusement nous n'en manquons pas.

BALOCHARD.

Comment donc que ça se fait?

AIR: *le Beau Lycas.*

Nous n' devons rien pour nos mansardes.

ADRIENNE.

Excepté deux term's de loyer...
Et puis pas mal de dett's criardes...

BALOCHARD.

Eh bien... faut les laisser crier...
C' n'est pas ma toilett' qu'est coûteuse...
Ma nourritur' n'est pas ruineuse..,
Une fois par semain' je m' fais beau...
J' vas moins au buffet qu'au tonneau...
J' dois peu d' chose à la blanchisseuse,
Et je n' dois rien au porteur d'eau,
Pas gran' chose à la blanchisseuse,
Et rien du tout au porteur d'eau.

ADRIENNE.

Écoutez, mon papa, en vous voyant si gai, si heureux, je crains toujours de vous faire de la peine; mais cependant il faut bien que vous sachiez où nous en sommes réduits.

BALOCHARD.

Parbleu, je le vois bien!... à rien du tout.

ADRIENNE, *qui a été prendre un papier dans un tiroir.*

Lisez ce papier-là, qu'on m'a apporté hier, et que je vous avais caché.

BALOCHARD.

Du papier marqué... une saisie pour lundi!

ADRIENNE.

Oui, mon père; si lundi nous n'avons pas donné

un à-compte sur ce que nous devons au proprié-taire, il fera enlever, il fera vendre le peu de meu-bles qui nous restent, et nous serons sans asile.

BALOCHARD.

Ma fille ! ma Drienne !... mes enfans dans la rue, sans feu ni lieu, et ça par ma faute... quand j'avais tant promis à c'te pauvre femme défunte... Drienne, je suis un gueux, un scélérat !

ADRIENNE.

Non, vous êtes un bon ouvrier, plein de talent, d'habileté... Ah ! si vous entendiez tout le monde parler de vous : Balochard, qu'ils disent, c'est le roi des peintres en voitures, et s'il voulait, il ga-gnerait des mille et des cents... mais malheureu-sement... (*avec douceur*) il ne veut pas.

BALOCHARD.

Je ne veux pas ?... qui est-ce qui dit que je n' veux pas ?... je n' veux pas sauver mes trois en-fans... leur garder ce petit mobilier qui leur vient de ma pauvre Madeleine.... les empêcher d'aller tendre la main dans la rue, je ne veux pas... Qu'on me donne des pinceaux... où sont mes pin-ceaux ?

ADRIENNE.

V'là une bonne parole, mon père.

BALOCHARD.

Oui, mais j'y pense... d'ici à d'main, trouver de l'argent pour ce tyran de propriétaire... où ça ?

ADRIENNE.

Il y a moyen.

BALOCHARD.

Comment ?

ADRIENNE.

Vous savez bien, ces beaux stores que vous aviez commencés ici, et que vous n'avez pas terminés.

BALOCHARD.

Eh bien ?

ADRIENNE.

En y travaillant aujourd'hui, jusqu'au soir, et un peu demain matin, ils seront finis. Ça, dam ! fait par vous, ça se vend comme du pain... je con-nais une maison qui me les prendra tout de suite, moi ; alors, je courrai chez le propriétaire, et nous serons sauvés.

BALOCHARD.

Drienne, tu es sublime ; tu es digne d'être ma fille, et je serai digne d'être ton père... Plus de lyriques, plus de Syracuse... Veux-tu que je casse ma guitare ? Dis un mot, et j' trépigne dessus.

ADRIENNE.

Non, non, mon père.

BALOCHARD.

Les mains me démangent, je voudrais déjà être au travail... Tu me chargeras ma palette, n'est-ce pas ?

ADRIENNE.

Oui, je vous tiendrai compagnie... et pour vous désennuyer, tout en travaillant, je vous chanterai vos chansons.

BALOCHARD.

Je vas tout préparer.

ADRIENNE.

C'est ça... et moi, pendant ce temps-là, je vas aller chercher quelque petite chose pour le dîner.

BALOCHARD.

Oui, mais...

ADRIENNE.

Oh ! j'ai encore un peu d' crédit dans le quar-sier.

BALOCHARD.

Dis donc, tu m'apporteras une assiette assortie avec de la gelée, et des pommes de terre frites, hein ?

ADRIENNE.

Oui, vous avez été bien sage ; je vous gâterai.

Adrienne sort avec son cabas.

SCENE XI.

BALOCHARD, *l'accompagnant.*

O sylphide ! ô bayadère ! ô gypsy ! que t'es !... Et dire que c'est ma fille, ce phénomème-là... C'est pas possible, on me l'aura échangée en nourrice ! (*On entend sonner quatre heures.*) V'là quatre heures qui sonnent à la paroisse... quatre heures ! Je devais être maintenant chez Passoir, où j'avais donné rendez-vous à Gambin, pour régler d'avance, comme président, l'ordre et la marche de la céré-monie. Ah ben, ils se passeront de moi, v'là tout ! je dirai que j'avais la coqueluche, et ils feront r'lâche, comme à l'Opéra-Comique, par indisposi-tion de Mme Damoireau... Allons, chaud, à ma palette, à mes pinceaux !... (*Bruit dans l'escalier.*) Qui est-ce qui grimpe là ? est-ce que ça serait le propriétaire, par hasard ? (*Regardant au dehors.*) Eh ! non, c'est tous les amis de l'atelier en habits des dimanches.

SCENE XII.

BALOCHARD, LARMOYER, COELINA, PLU-SIEURS OUVRIERS, *tous endimanchés.*

AIR *des Cris de Paris.*

Compagnons d' travail, compagnons d' gaîté,
C'est l' dimanch' qui nous amène...
Du soir au matin faut qu'il soit fêté !
C'est l' carnaval de la semaine.

COELINA, *montrant sa toilette.*

Nous somm's sur notre grand tra la la.
*Montrant le col monstre qui passe par-dessus les oreilles
de son mari.*

Pour le beau linge à lui la pomme !
Dam ! c'est moi qui l'arrang' comme ça...
Pour le déguiser en bel homme !
Le prenant par le menton et lui relevant la tête.

Hein !... c' cadet-là,
Quell' ball' qu'il a !...

LARMOYER.

Le fait est que je ne suis pas trop déchiré pour un homme seul.

CHOEUR.

Compagnons d' travail, compagnons d' gaîté, etc., etc.

BALOCHARD.

Bonjour, Blochet!... bonjour, Gandillon... bonjour, Larmoyer...

Il lui secoue la main.

LARMOYER.

Qué bon garçon qu'ça fait!... y m'a démanché l'bras. -

COELINA.

Eh bien! et moi, est c' qu'on ne m'embrasse pas?...

LARMOYER. -

C'est vrai... embrasse donc ma grosse... c'est pas poli... (*Balochard l'embrasse.*) Ça a l'air de lui faire plaisir tout d'même, l'intrigante...

BALOCHARD.

Les v'là tous, quoi!... tout l'atelier... une levée en masse...

COELINA.

Eh ben! est-c' que c' n'est pas aujourd'hui dimanche... jour de consommation?...

LARMOYER.

C'est notre usage, et nous y tenons... faut encourager les marchands de vin...

COELINA.

Je l'ai élevé dans ces principes-là.

AIR : *Courant d' la Brune à la Blonde.*

Je suis une femme économe;
En s'maine on n' dépens' pas ça...
Et je veux toujours que mon homme
Conserve c't' habitud'-là!...
Pour voir du pain sur la planche,
Faut avoir de l'ordre... aussi
Pendant six jours on s' démanche
Et l'on ménag', Dieu merci,
Tout le Lundi,
Le Mardi,
L' Mercredi,
Le Jeudi,
L' Vendredi,
Et l' Sam'di,
Pour tout croquer l' Dimanche!...

LARMOYER.

Nous nous sommes dit, pour vexer le bourgeois, faut faire un gobichonage général...

COELINA

Pourquoi qu' tu prends la parole?

LARMOYER.

Pas d' scène, jolie femme!... pas d' scène!... j'ai préparé mon discours... laisse-moi improviser (*A Balochard.*) L'amitié, vois-tu, c'est l'amitié; les amis, c'est les amis!... toujours, et que... pour lors, leur fortune n'est pas changeante... Aimes-tu le veau?

COELINA.

Est-il bête?... est-il bête?...

LARMOYER.

Aimes-tu la salade de laitue avec des œufs durs dessus? pas mal d'huile... beaucoup d' vinaigre... et un tas de poivre... que ça emporte la bouche... y a rien d' bon comme ça pour l'estomac...

BALOCHARD.

Si j'aime ça!... oh! qué velours!...

LARMOYER.

Alors, fameux... A votre tour, jolie femme... faites l'invitation au nom d' la société...

COELINA.

Monsieur Balochard... c'est sans façons, d'abord... puisque vous nous quittez... il faut bien vous faire la conduite... histoire de rire innocemment, à la barrière, le dimanche...

LARMOYER.

Et de casser quelques goulots au Moulin de beurre...

COELINA.

Vous qu'êtes galant, qui faites des romances... vous ne refuserez pas une personne du sexe... d'autant plus que j'ai l'intention d'acheter un melon cadet...

BALOCHARD.

Un melon?...

LARMOYER, *à part.*

Il m'a r'gardé... ça l' flatte...

TOUS.

Ça y est-il? ça y est-il?

BALOCHARD.

Oui, ça y est... mais, j'y pense! c'est que j'peux pas...

TOUS.

Comment?...

LARMOYER.

Est-c' que tu méprises notre festin?...

COELINA.

S'il n'y a pas assez... il faut l' dire... on y joindra l'omelette au lard.

LARMOYER.

Ou un gigot aux pastilles...

COELINA.

Aux pastilles de Soissons.

BALOCHARD.

Pastiller, du tout, faut que j' travaille...

COELINA.

Aujourd'hui?... et les principes?...

BALOCHARD.

Je n' peux pas, j' vous dis... et je n' vas pas même à Syracuse, où j' suis attendu...

COELINA.

Pauvre cher homme, comme il se dérange!

SCENE XIII.

LES MÊMES, GAMBIN.

GAMBIN, *en dehors.*

Balochard!.. Balochard!... où c' qu'est Balochard?... y m' faut Balochard.

BALOCHARD.

Quand je vous l' disais... v'là Gambin qui vient me chercher.

GAMBIN, *entrant en sautillant et en fredonnant.*

Tiens!... il y a d' la société ici... Bonjour, les grotesques.

LARMOYER.

Dis donc, eh! toi!...

GAMBIN.

Comment Balochard, pas encore revêtu de tes costumes?...

BALOCHARD.

Non...

GAMBIN.

Mais on t'attend depuis plus d'une heure...

BALOCHARD.

Eh bien ! ils m'attendront...

GAMBIN.

Comment! tu n'es donc plus joyeux? tu n'es donc plus chorybante?...

BALOCHARD.

Je donne ma démission...

COELINA.

Il a de l'ouvrage?

GAMBIN.

De l'ouvrage!... qu'est-ce que c'est que ça?

BALOCHARD.

J'ai une commande pour Ali-Pacha.

GAMBIN.

Tu fais des envois dans les départemens?

BALOCHARD.

Ainsi... file, et laisse-moi tranquille... Tu leur diras que j'ai la grippe.

GAMBIN.

Maître, maître adoré, tu ne sais donc pas ce qui se passe?...

BALOCHARD.

Ça m'est égal...

GAMBIN, lui serrant la main.

Rien qu'un mot... Pendant que je commandais le repas, Chicard est arrivé.

BALOCHARD.

Eh bien ! qu'est-ce qu'il réclame...?

GAMBIN.

Il réclame la place de président...

BALOCHARD.

Lui...

GAMBIN.

Il dit que tu baisses...

BALOCHARD.

Ah!... il dit ça...

GAMBIN.

Que tu chantes comme un canard.

BALOCHARD.

Canaille...

LARMOYER.

Filou !...

GAMBIN.

Et qu'enfin... il veut t'enfoncer, te défoncer, te renfoncer...

BALOCHARD.

Ah !... il veut m'enfoncer... eh bien! nous verrons...

GAMBIN.

Je reconnais mon maître...

BALOCHARD.

Mon habit... où est-ce que j'ai mis mon habit... (Il le prend.) Ah je baisse!...

Il le met.

LARMOYER.

Eh bien!... et le pacha d'Égypte?...

BALOCHARD.

Ah! je chante comme un canard... Cœlina, mettez-moi ma cravate.

COELINA.

Faut-il vous faire un chou?

BALOCHARD.

Oui, mon petit chou, un gros chou!... Ah! gueusard !

Elle lui met sa cravate au fond.

LARMOYER, sur le devant de la scène, à Gambin.

C'est donc bien beau, les Bergers de Syracuse?

GAMBIN.

Si c'est beau !... c'est idéal... Veux-tu que je t'y fasse recevoir?... sais-tu chanter?

LARMOYER.

Dam ! j'ai un petit fausset qui n'est pas désagréable.

GAMBIN.

Voyons !

LARMOYER, filant un son.

La...

GAMBIN.

T'es reçu.

BALOCHARD.

Partons !

TOUS.

A la barrière !

BALOCHARD.

Ma fille !...

~~~~~~

SCENE XIV.

LES MÊMES, ADRIENNE.

ADRIENNE, posant son panier.

Comment, mon père, vous sortez !

BALOCHARD.

Oui, oui; mais pas pour long-temps.

ADRIENNE.

Mais pensez donc un peu...

BALOCHARD.

J'ai pensé à tout.

ADRIENNE.

Cet ouvrage que vous auriez eu sitôt terminé...

BALOCHARD.

Je rentrerai de bonne heure, et j'passerai la nuit.

ADRIENNE.

Et le propriétaire?

BALOCHARD.

J'irai chez lui; c'est mon chemin... Allons, voyons, ne pleure pas; je te rapporterai du dessert, plein mes poches, et aux petits aussi; en rentrant, je leur donnerai des croquignolles...

TOUS.

A la barrière!
~~~~~~

BALOCHARD, *à Gambin.*

A Syracuse ! à Syracuse !

Il sort vivement avec Gambin ; les autres les suivent ; Adrienne reste anéantie : tout le monde, excepté elle, reprend le chœur.

Compagnons d'travail, compagnons d' gaîté, etc., etc.

Sortie.

SCENE XV.

ADRIENNE, *seule.*

Parti !... rien ne peut l'arrêter !... demain la misère... plus d'asile !... Mon Dieu, qu'ai-je donc fait pour être si malheureuse ?... et cette pensée qui me tourmente, qui me poursuit sans cesse !... (*Elle s'assied.*) Oh ! c'est qu'aussi on n'a jamais vu une pauvre jeune fille abandonnée comme moi, sans un guide, sans une voix amie qui la console... Je ne sais ce que j'éprouve... ma tête est brûlante !... (*Elle ôte son petit bonnet et reste en cheveux.*) Je souffre !... j'ai chaud !... j'étouffe !... (*Elle ôte le petit fichu qui couvre son cou ; ses épaules restent légèrement découvertes.*) Il commence à se faire tard... il faudra bientôt que j'aille chercher mes frères. (*Bruit dans l'escalier.*) On monte... serait-ce déjà eux ?... non, c'est l' pas d'un homme... Mon père, peut-être, qui revient... oh ! oui, oui, ce doit être lui... (*Courant au fond.*) Mon père !... (*La porte s'ouvre, Victor paraît.*) Monsieur Victor !...

Elle recule effrayée, et couvre vivement son cou du mouchoir qu'elle avait quitté ; Victor reste timidement à la porte.

SCENE XVI.

VICTOR, ADRIENNE.

VICTOR.

Ah ! ne craignez rien, mamselle !

ADRIENNE.

Monsieur, je suis seule, vous le voyez.

VICTOR.

Encore une fois, mamselle Adrienne, rassurez-vous... je venais... est-ce que vous n'avez pas vu Lanois ?

ADRIENNE, *vivement.*

Il est venu ce matin, de votre part, je crois.

VICTOR, *plus près d'elle.*

Oui, oui ; mais j'ai peur qu'il ait mal expliqué à monsieur votre père ou à vous le motif... (*A part.*) Mon Dieu ! je suis aussi tremblant qu'elle, moi.

ADRIENNE.

Vous devez penser, monsieur, que c'est à mon père lui-même qu'il faut que vous parliez.

VICTOR.

De ce qui le regarde, sans doute ; mais de ce qui me regarde, moi...

ADRIENNE.

Vous, monsieur ?

VICTOR, *plus près.*

Ma bonne mamselle Adrienne, si j'avais un conseil à vous demander, me le refuseriez-vous ?

ADRIENNE.

Moi, monsieur ?

VICTOR.

Oui ; vous avez peut-être entendu parler d'un mariage que l'on me propose ?

ADRIENNE.

Je crois que oui... une demoiselle riche, n'est-ce pas ?... Et vous êtes décidé à accepter, sans doute ?

VICTOR.

Non, mamselle ; et avant (je vais bien vous étonner), avant, je voudrais savoir si... si vous croyez... si vous pensez...

ADRIENNE

Mais dans un établissement comme le vôtre, il me semble qu'il faut... une femme...

VICTOR.

Oh ! ça, c'est vrai !...

ADRIENNE.

Qui vous apporte de la fortune !

VICTOR.

Pourquoi ça ? j'en ai pour pour deux.

ADRIENNE.

Qui vous aime ?

VICTOR.

Ah ! ça, j'y tiens, par exemple... et aussi qu'elle soit bonne, vertueuse, bien élevée... et j'ai eu le bonheur, hors l'amour pourtant, de trouver tout ça.

ADRIENNE.

Je ne vous comprends pas.

VICTOR.

Adrienne, celle dont je vous parle se cache à tous les yeux !... mais j'ai pris des renseignemens, moi... d'abord chez la lingère qui lui donne de l'ouvrage.

ADRIENNE.

Une ouvrière...

VICTOR.

Ensuite, chez le maître de ses petits frères, auxquels elle sert de mère.

ADRIENNE, *à part.*

Oh ! mon Dieu ! qu'entends-je ?

VICTOR.

Je suis monté à son sixième étage, où je l'ai trouvée seule le dimanche, à travailler ; et je me suis dit : Celle qui est si bonne fille, si bonne sœur, ne peut pas manquer d'être un jour une excellente femme.

ADRIENNE.

Ah ! monsieur Victor, pas un mot de plus ! je vous en prie ; vous ne voudriez pas tromper une pauvre fille, lui faire perdre la raison.

VICTOR.

Chère Adrienne ! j'avais encore quelque chose de bien important à vous dire, je ne l'ai pas osé.

ADRIENNE.

C'est donc quelque chose que je ne dois pas entendre ?

VICTOR, *posant une lettre sur la table à côté de la guitare.*

Je jure que cette lettre ne contient aucune offense... vous la lirez, Adrienne ; vous déciderez vous-même, et tout dépendra de vous, chère Adrienne !

ADRIENNE.

Mon Dieu !... mon père, s'il était là !

VICTOR.

Adrienne, pourquoi trembler ? n'êtes-vous pas mon seul amour ! bientôt ma femme ?

ADRIENNE.

Oh ! non, non ! Je vous en prie, allez-vous-en ! allez-vous-en !

SCENE XVII.

LES MÊMES, LARMOYER.

LARMOYER, *au fond.*

Qu'est-c' que je vois ?

ADRIENNE, *jetant un cri.*

Ah !

VICTOR.

Ah ! (*D'un air forcé.*) Ah ! c'est toi, Larmoyer.

LARMOYER.

Oui, c'est moi... Pardon, excuse. Balochard avait oublié sa guitare, mais je suis incapable de déranger personne. (*Il va à la table prendre la guitare.*) Qu'est-ce que je vois ? une lettre pour Mlle Adrienne... l'écriture du bourgeois... y paraît que ça chauffe !... Je vas lui reporter sa lyre : vous n'avez rien à lui faire dire, mamsell' Drienne.

ADRIENNE, *troublée.*

Non... je ne crois pas... j'espère.

LARMOYER, *à part.*

Elle est t'honteuse, elle est t'honteuse... Ah !

Balochard, que t'es fautif !... mes filles, à moi... si j'en avais, ne quitteraient jamais l'œil paternel de leur mère.

VICTOR.

Puisque vous voilà, ne manquez pas de venir demain, chez moi, de bonne heure : M. Lanois est obligé de s'absenter.

LARMOYER.

C'est dit, bourgeois ; c'est dit. (*Il va pour s'éloigner.*) Ah ça ! mais, est-ce que je vas commettre la lâcheté de la laisser seule, à l'heure qu'il est, avec quelqu'un ?

VICTOR.

Adieu.

ADRIENNE.

Il se fait tard... et... je... Adieu, messieurs.

LARMOYER, *qui l'a comprise.*

Oui, l'escalier est bien ténébreuse : si vous voulez me donner le bras, nous partirons ensemble.

VICTOR.

Que veux-tu dire ?

LARMOYER, *prenant Victor à part.*

Sans vous offenser, bourgeois, un simple mot : le père peut être dans son tort, de laisser une jeunesse toute seule ; mais, heureusement, vous êtes un honnête homme.

VICTOR.

Je te comprends. (*Haut et avec effort.*) Adieu, Adrienne, adieu.

Il se dirige vers la porte.

ADRIENNE, *bas à Larmoyer.*

Merci !

Victor en sortant regarde Adrienne, qui baisse les yeux. La toile baisse au moment où Victor et Larmoyer ont gagné pour sortir le seuil de la porte. Adrienne pousse le verrou.

ACTE TROISIÈME.

LUNDI.

Le théâtre représente un jardin boisé, chez la mère Sagnet, au Moulin de Beurre, barrière du Maine ; en scène, des tables, des bancs, des tabourets, etc.

SCÈNE PREMIERE.

CHICARD, PLUSIEURS OUVRIERS.

Au lever du rideau, ils sont à boire autour d'une table chargée de bouteilles, et qui fait face au public, un peu sur la droite.

CHŒUR.

Air *des Trois Marteaux.* (Monpou.)

Que l' grand saint Lundi
  Mardi
  Nous surprenne
  La tasse pleine !
Quel dommag' que saint Lundi

Ne vienne
Qu'un' fois par semaine !
Des buveurs, des paresseux,
C'est l' patron joyeux.
Vive le grand saint Lundi,
Et c' bon saint Crédit !

Ils frappent leurs verres en cadence sur la table.

CHICARD.

Vous le voyez, les amis, personne encore ; je vousen prends tous à témoin, Balochard manque à l'appel de Chicard, preuve qu'il a peur de moi.

TOUS.

C'est vrai ! c'est vrai !

CHICARD.

Haut les verres, gloire à la romance !

TOUS.

Gloire à Chicard ! enfoncé Balochard !

~~~~~~

SCÈNE II.

LES MÊMES, BALOCHARD, GAMBIN.

BALOCHARD, *paraissant tout-à-coup.*

Qui est-c' qui parle allemand, ici ?

GAMBIN.

Chicard fait son télégraphe... je m'en doutais...

CHICARD.

Tiens !... le v'là avec Gambin...

TOUS.

Ah ! ah ! ah !... fameux !...

GAMBIN.

Qui est-ce qui s'est permis de dire : Enfoncé Balochard... je veux le savoir.

CHICARD.

Pardi ! c'est tout le monde... on a vu que l'on ne te voyait pas... et on a cru que tu mettais les pouces.

BALOCHARD.

Les pouces ! jamais... lyriques inférieurs que vous êtes... demandez à mon élève... j'arrive des Bergers de Syracuse, où nous avons passé la nuit... Dieu ! qué noce... j'ai été brillant... j'ai été phosphorique... Quant au défi de Chicard... je ne l'avais pas oublié... Allons, ouvrez vos rangs, invalides de Momus... me voilà sur le champ de bataille... faites-moi place !...

TOUS.

Place !... place !...

GAMBIN, *faisant tourner sa canne.*

Place au maître, infirmes !.... il va vous enfoncer tous...

BALOCHARD.

Chicard, à toi à moi la paille de fer.

CHICARD.

A toi l'honneur.

BALOCHARD.

Non, commence.

CHICARD.

Cette noble amour-propre t'honore à mes yeux et me montre un rival digne de moi...

GAMBIN.

Silence !... et respect...

CHICARD.

Chanson à boire...

Il chante sur un mouvement de romance très-lent.

AIR *de la Fête du village voisin.*

Allez, allez... oui, je vous le conseille...
Allez, allez à c'te fête sans moi...

BALOCHARD.

Qu'est-ce que c'est que ça ?... Est-ce que tu nous chantes le *Te Deum ?*...

CHICARD, *continuant.*

Car j'ai les glouglous...
Les jolis glouglous, etc.

BALOCHARD.

Assez causé... tais ta musette... t'es pas assez vif... Tu ne vois pas qu'il y a là un tas de monde assis autour de nous que tu embêtes. (*Il se lève, tous les convives se lèvent aussi.*) Ici, Gambin, fiston mon élève... prends ta voix de femme, et tâche de chanter juste... Portrait de Balochard, peint par lui-même... paroles et musique dudit.

GAMBIN.

Et censé chanté par un ménestrel de la place du Caire, en face des cardeuses de matelas...

BALOCHARD.

Le portrait physique !

PREMIER COUPLET.

AIR *d'Édouard Donvé.*

Français, troubadour et pochard,
  V'là monsieur Balochard.
Oui, Balochard est né pour le plaisir ;
Dans le grand monde y s' peut qu'on l' mécanise,
L'indépendance est son unique désir ;
Libre et joyeux fut toujours sa devise...
D' la plac' Maubert jusqu'à la rue Coqu'nard
Tout l' mond' connaît sa voix et son moutard.

ENSEMBLE.

Français, troubadour, etc.

GAMBIN.

Oui, c'est l'homme unique,
  C'est l'enfant de l'art,
  Paroles et musique
  D' monsieur Balochard.

TOUS.

Français, troubadour, etc.

BALOCHARD.

Et combien ? deux sous ; vous l'avez également dans les recueils de quatre.

GAMBIN.

Deuxième couplet !...

BALOCHARD.

DEUXIÈME COUPLET.

Y n' s'amus' pas à fair' du sentiment,
Des fanfreluch's, des croch's et des roulades,
Poète inspiré, pour qu'on l' chante en plein vent,
C'est pour le peupl' qu'il compos' ses ballades ;
Il n'aspir' pas au palais des Beaux Arts,
Mais ses refrains sont l' concert des boulevarts.

ENSEMBLE.

Français, troubadour, etc.

GAMBIN.

Oui, c'est l'homme unique, etc.

TOUS.

Français, troubadour, etc.

BALOCHARD.

Va donc, Phigénie, on n'entend pas ton bec.
Et combien ? deux sous... vous l'avez également dans les recueils de quatre.

GAMBIN.

Dernier et intéressant couplet !

</div>
~~~~~~

BALOCHARD.

TROISIÈME COUPLET.

La gloir', le vin, la gaîté, les amis,
Brill'nt en tous temps dans ses chants populaires,
Aussi, chacun, dans l' quartier des Arcis,
L'a surnommé l' Bérenger des portières.
Ses vers heureux, gais enfans du hasard,
Il les dédie à c' bon monsieur Achard.

ENSEMBLE.

Français, troubadour, etc.

GAMBIN.

Oui, c'est l'homme unique, etc.

TOUS.

Français, troubadour, etc.

BALOCHARD.

Méfie-toi, Phigénie, le moutard dégrade l'orgue, emballe-le donc!... il a pleuré partout!... Et combien ? deux sous... redemandez... il y a également des recueils de quatre.

TOUS.

Français, troubadour, etc.

TOUS.

Ah!... bravo!... archi-bravo!...

CHICARD.

Bravissimo!... c'est superbe!... je m'avoue vaincu ; vive Balochard!...

On l'entoure, et Gambin le couronne.

TOUS.

Vive Balochard!...

BALOCHARD.

Jeunes amis, gymnasiens, momusiens et autres... vos applaudissemens retentissent dans mon cœur et me prouvent que vous avez de l'oreille... cette victoire, je l'accepte... comme Français et comme troubadour... et je vous en fais l'hommage en ce jour harmonieux...

GAMBIN.

Bravo!... bien dit!... vive Balochard!... vive le grand homme!...

BALOCHARD.

Chicard... je t'ai foudroyé, (mais je ne t'en estime que plus encore... (Trinquant avec lui.) Honneur au courage malheureux!...

TOUS.

Vive Balochard!...

SCENE III.

LES MÊMES, LARMOYER, accourant.

LARMOYER.

Ah! je te trouve enfin!... c'est gentil de me faire courir comme ça... Oh! la rate... oh! la rate!... T'es donc ici?...

BALOCHARD.

Eh ben! oui... je suis ici... Où donc veux-tu que je serais?...

GAMBIN.

Où donc veux-tu que nous sommes, nigaud?...

LARMOYER.

Où... où?... ce n'est pas là la question!... Tu pourrais être autre part... tu devrais y être, peut-

être... Mais je m'entends... je te cherchais... j'ai à te parler...

CHICARD.

Tu as à nous parler?...

LARMOYER.

Non, pas à vous.

CHICARD.

Ah! c'est différent... Voyons l'écot...

Chicard, suivi des autres convives, s'éloigne un peu et va compter avec le garçon.

GAMBIN.

Voyons, l'Engourdi, l'homme aux mystères, qu'est-ce que tu nous veux?

LARMOYER.

Je ne te veux rien non plus, à toi!...

Il le repousse.

GAMBIN.

Est-il imbécile !... Balochard et moi, ça ne fait qu'un.

BALOCHARD.

Certainement, tu peux parler devant lui ; c'est mon ami.

LARMOYER.

C'est des choses entre nous.

BALOCHARD.

Au fait, si c'est des choses entre nous...

GAMBIN.

Très-bien... ça veut dire que je m'en aille!... on me renvoie... voilà tout... je m'en vas !...

LARMOYER, lui prenant la main.

Gambin, ne faut pas m'en vouloir... j'ai mes motifs... quoique j'aie l'air de ne pas pouvoir te souffrir... je t'aime au fond... Tu es un jeune homme... entends mon cœur sans qu'il te dise rien, et tu comprendras son silence.

GAMBIN.

Le diable t'emporte avec tes logogriphes !(A Balochard.) Dis donc, tu me diras ce que c'est, hein?

CHICARD.

Je vas à la Grappe... qui m'aime me suive!

GAMBIN.

A la Grappe !... j'en suis ! j'en suis !

REPRISE DU CHŒUR.

Français, troubadour et pochard, etc.

Gambin sort avec Chicard et les autres ouvriers.

SCENE IV.

BALOCHARD, LARMOYER, UN GARÇON.

LARMOYER.

Il est décampé, ça n'est pas malheureux.

BALOCHARD.

Qu'est-ce que tu me veux, voyons?

LARMOYER.

Asseyons-nous à cette table : on est plus isolé quand on est deux, tête-à-tête.

BALOCHARD.

Approuvé l'écriture.

Ils se mettent à la table qu'un garçon vient de débarrasser.

LE GARÇON.

Il ne faut rien à ces messieurs?

BALOCHARD.

Tu ne veux rien prendre?

LARMOYER.

Dieu! le lundi, jamais!... c'est hors de mes principes. Cependant, ma femme n'est pas présente, et l'amitié peut offrir le canon et même l'obus.

BALOCHARD.

Nous pourrions risquer le poulet froid, hein?

LARMOYER.

Tout d' même.

BALOCHARD.

Garçon... veau à la gelée, pour un.

LE GARÇON.

Voilà, messieurs.

LARMOYER.

Ah! bah! autant qu'il en mette pour deux.

BALOCHARD.

Garçon, pour deux, avec un sou de pain, et vin à huit.

LE GARÇON, *en dehors.*

Bien, messieurs.

BALOCHARD.

Le vin est pas mauvais, ici, tu verras... t'aimes autant qu'il soit bon, toi, n'est-ce pas?

LARMOYER.

Tout-à-fait... mieux que ça, je le préfère.

LE GARÇON, *servant du vin, du pain, et du veau.*

Voilà, messieurs, voilà!

BALOCHARD.

Bien, laisse-nous, à présent.

LARMOYER.

Oui, nous avons à parler d'affaires. (*Le garçon se retire.*) J'avais d'abord été chez toi; mais vu que tu n'es pas rentré du tout, je ne t'ai pas trouvé.

BALOCHARD.

J'étais à Syracuse... Quelle société choisie, si tu savais. (*Le servant.*) Aimes-tu le gras?

LARMOYER.

Donne toujours. Je te disais donc, il ne faut pas confondre, vois-tu... il y a les amis, et les amis... il y en a d'aucuns, bons enfans, si tu veux... mais vous vous trouvez dans l'embarras, dans la débine, ou n'importe... ils diront, je m'en moque. Moi, je ne suis pas comme ça.

BALOCHARD.

A ta santé!

LARMOYER.

A la tienne! Je te disais donc... ce n'est pas ça... tu me connais d'ailleurs... nous sommes ouvriers, c'est pour nous estimer, nous rendre des services dans l'occasion, et nous entendre..... Donne-moi de la gelée.

BALOCHARD.

Tu aimes la gelée?... je ne savais pas que tu aimais la gelée.

LARMOYER.

Ouvriers, faits pour nous rendre des services dans l'occasion, et nous entendre.

BALOCHARD.

Je te devine, estimable ami, généreux philanthrope; tu veux me prêter de l'argent, et je l'accepte.

LARMOYER.

Tu m'accuses d'une chose qui est dans mon cœur, mais dont je suis incapable.

BALOCHARD.

Alors, clarifie-toi... je ne te comprends pas.

LARMOYER.

Ah! Balochard, ce n'est pas pour dire, mais ta défunte femme que t'as perdue, t'a fait bien du tort en te rendant veuve.

BALOCHARD.

Larmoyer, ne parlons pas de ça... c'est des souvenirs, vois-tu, ça me chiffonne... A ta santé.

LARMOYER.

Moi de même...

BALOCHARD.

Heureusement j'ai une fille, une brave et honnête fille... Dieu, ma Drienne, en voilà une ficelée et confectionnée!... un trésor!... celle-là me console de tout.

LARMOYER.

Eh bien! c'est là que je t'arrête; tu la laisses presque toujours seule, c'te jeunesse; tu conviendras qu' ça n'est guère amusant.

BALOCHARD.

Elle n'aime pas à sortir.

LARMOYER.

Et si quelqu'un, je suppose, profitait de ton absence et allait la voir pendant que tu chantes à Syracuse?

BALOCHARD, *frappé.*

Hein? qu'est-ce que tu me dis là?

LARMOYER.

Eh bien! oui... voilà la chose, voilà ce que je voulais te dire, entre nous, Balochard, es-tu un homme? as-tu du courage? Je te dirai tout.

BALOCHARD.

Ma fille!...

LARMOYER.

Hier, quand nous t'avons emmené, quand je suis retourné chez toi pour chercher ta lyre harmonieuse...

BALOCHARD.

Parle, voyons!

LARMOYER.

Ta fille n'était pas seule, elle était avec un jeune homme.

BALOCHARD.

Un jeune homme! ça n'est pas vrai!

LARMOYER.

Je l'ai vu, je lui ai parlé!... mieux que ça, il lui remettait une lettre.

BALOCHARD.

Une lettre! Dis-moi qui, je veux le tuer.

LARMOYER.

Le tuer, le tuer!... d'abord, il ne faut tuer personne, la loi s'y oppose; et puis il se peut que M. Victor ne soit pas fautif.

BALOCHARD, *se levant.*

M. Victor! c'est lui!... le bourgeois... Ah! c'est donc pour ça qu'on voulait m'éloigner, m'envoyer en pays étranger... c'était pour séduire, pour déshonorer mon enfant.

LARMOYER.

Non, Balochard, ta fille est vertueuse; la preuve, c'est qu'elle a quitté ton domicile politique ce matin.

BALOCHARD.

Et mes enfans, mes deux petits... où sont-ils?

LARMOYER.

Il paraîtrait qu'ils sont chez un' voisine au second, à ce que m'a dit la portière.

BALOCHARD.

Ma pauvre fille! et c'est moi... Mais non, elle est coupable, puisqu'elle a reçu une lettre.

LARMOYER.

Ça, la lettre, je l'ai vue.

BALOCHARD.

Et c'est M. Victor... Mais ils se connaissaient donc? Le misérable!

LARMOYER.

Voyons, voyons, Balochard, sois calme dans le malheur, et écoute mes conseils.

BALOCHARD.

Non! je n'écoute rien! il faut que je le trouve, que je le démolisse!

Il veut sortir.

LARMOYER, *le retenant.*

Balochard!

BALOCHARD.

Non!

LARMOYER, *le prenant à bras le corps.*

Je ne te quitte pas.

BALOCHARD.

Laisse-moi.

LARMOYER.

Balochard, ne va pas faire un événement.

LE GARÇON.

Messieurs, c'est cinquante-huit sous.

BALOCHARD, *se dégageant des bras de Larmoyer.*

C'est juste... paie vite, et filons.

LARMOYER.

Comment, que je paie! mais je n'ai pas d'argent; tu sais bien que quand ma femme n'est pas là...

BALOCHARD.

J'ai cru que tu régalais.

LARMOYER.

Moi aussi.

BALOCHARD.

Eh bien, c'est bon, garçon; c'est pour mon compte... dites que l'on me mette ça sur l'ardoise.

LE GARÇON.

Du tout, messieurs: ici on ne fait pas de crédit, ce n'est pas l'usage de la maison.

BALOCHARD.

Va te promener avec ta maison, nous sommes pressés.

LARMOYER, *un peu effrayé.*

Nous sommes excessivement pressés.

LE GARÇON, *les arrêtant tous les deux.*

Vous ne sortirez pas.

LARMOYER.

Par exemple!

BALOCHARD.

Veux-tu me lâcher, méchant gâte-sauce? (*A Larmoyer.*) Viens donc!

LE GARÇON.

Ah! vous voulez vous sauver sans payer! Eh bien, je ferme la porte, et nous verrons.

LARMOYER.

Il nous enferme.

BALOCHARD, *hors de lui.*

Ah! c'est comme ça... Ah! tu nous retiens de force... Eh bien, tiens, voilà tes bouteilles! tiens, voilà tes assiettes! tiens, voilà ta fricassée!

LE GARÇON.

Ah! mon Dieu, il brise tout! A la garde! à la garde! à la garde nationale!

BALOCHARD, *jetant le garçon par terre, au moment où il veut l'empêcher de continuer à tout casser.*

Tiens! voilà pour toi.

LE GARÇON, *se relevant.*

Au secours! à l'assassin! à la garde!

~~~~~~

SCENE V.

LES MÊMES, LANOIS, *en sergent de la garde nationale*, GARDES NATIONAUX, OUVRIERS *et* CURIEUX.

CHOEUR.

AIR: *Voilà le téméraire.* (Suisse à Trianon.)

Quel bruit épouvantable!...
On se bat chez le marchand d' vin...
C'est un tapageur, c'est un diable,
Soldats empoi-gnons/gnez -le soudain...
Il cass' la vaisselle, il fait le diable!
Empoi-gnons/gnez- le soudain!...

LANOIS.

Qu'est-ce que c'est? qu'y a-t-il? d'où partent ces vocifératillions?

BALOCHARD, *à part.*

Pincé!

LE GARÇON.

Sergent! arrêtez-les, c'est des brigands, des révolutionnaires.

LARMOYER.

Ordre public, je n'y suis pour rien.

LANOIS.

Très-bien! c'est mon Balochard qui fait des siliennes.

BALOCHARD, *à part.*

Et M. Victor! et ma fille! (*Haut.*) Qu'on me laisse m'en aller, nous ne sommes pas des assassins.

LARMOYER.

Oui! qu'on nous laisse. (*Reconnaissant Lanois.*) Dieu! le contremaître! il va croire que j'ai loupé.

LANOIS.

Comment! toi aussi, malheureux! je te trouve plongé le lundi dans le repaire de l'immoralité!

LE GARÇON.

Sergent, il y a au moins pour trois francs cinquante centimes de dégâts, je demande six francs.

BALOCHARD, *priant Lanois.*

Mon vieux, laisse-moi m'en aller! il faut que je m'en aille!
~~~~~~

LANOIS.

Du tout! du tout!

BALOCHARD.

Cré mille noms de noms!

LANOIS.

Soldats! emparez-vous de ces perturbateurs... rassemblez les prévenus.

LARMOYER, *pleurant presque.*

Voilà un coup! voilà un affreux coup!

BALOCHARD.

Mais voyons! t'as donc la berlue! tu vois bien qu'c'est nous!

LANOIS.

Je ne vois rien que le délit et les bouteilles cassées.

LARMOYER.

O Cœlina! ô mon épouse! t'as bien raison d'empêcher que je sorte sans toi.

LANOIS, *à Balochard.*

Dites vos noms et vos prénoms.

BALOCHARD.

Mes noms à moi! c'te farce! tu me connais bien.

LARMOYER.

Pardine! s'il nous connaît!

LANOIS.

Honoré des galons de sergent par les suffrages de mes compatriliotes, je remplis mes devoirs, et je ne reconnais personne dans l'exercice de mes fonctillions. Vos noms? répondez!

BALOCHARD, *à Larmoyer.*

Dis tes noms à monsieur.

LARMOYER.

Moi!

LANOIS.

On te demande ton nom, Balochard!

BALOCHARD, *à Larmoyer.*

Réponds donc.

LARMOYER.

Larmoyer Zidor, vingt-quatre ans, dit l'Engourdi, ouvrier cambreur, domicilié à Paris, rue de la Lune, département de la Seine, j'ai tiré le numéro vingt-neuf à la conscription... En faut-il encore?

LANOIS.

Bien répondu. (*A Balochard.*) A ton tour! tes noms et prénoms.

BALOCHARD, *s'exaspérant.*

Eh bien! non, mille fois non, je ne répondrai pas; c'est vexatoire... si c'est la loi, qu'on m'arrête! je l'implore... qu'on aille me chercher tous les commissaires, y en a quarante-huit; ils me connaissent, ils m'ont tous arrêté, et on sait que j'suis un brave homme, et le premier qui m'approche, je le descends au second...

Il prend un tabouret qu'il tient en l'air en menaçant.

LANOIS.

Il est furieux!... Division!... saisissez-les... en avant, marche!

Moment de collision: Balochard se débat et donne des coups de pied au garçon marchand de vin; on finit par se rendre maître de lui, Gambin arrive au milieu de la bagarre.

SCENE VI.

LES MÊMES; GAMBIN.

GAMBIN.

Qu'est-ce que c'est? on se bat!

LANOIS.

Au poste!... au poste!... par file à gauche, marche!

BALOCHARD, *qu'on emmène.*

Ça m'est égal! j'ai toujours pas dit mon nom.

LARMOYER, *de même.*

Mes amis, je ne suis pas l'ennemi du gouvernement.

CHOEUR.

Quel bruit épouvantable!... etc.

Ils sortent tous, excepté Gambin et le Garçon.

GAMBIN.

Comment! on emballe mon beau-père, mon glorieux maître, au corps de garde.

LE GARÇON.

C'est bien fait!... c'est très-bien fait!

GAMBIN.

Qu'est-ce qu'il dit, celui-là!

LE GARÇON.

C'est égal; il m'a lancé un fameux coup de pied.

GAMBIN.

Il faut pourtant le tirer de là; mais comment? il n'y a pas d'autre moyen, et j'y cours tout de suite.

LE GARÇON.

C'est tout d'même moi qui les ai fait empoigner.

GAMBIN, *à part, relevant les manches de son habit.*

Toi!... nous allons avoir du dialogue! attends, petit vieux!

LE GARÇON.

Dites donc, monsieur, puisque vous les connaissez, est-ce que vous ne pourriez pas payer pour eux?

GAMBIN.

Combien y a-t-il?

LE GARÇON.

Dam! y a cinquante-huit sous, six francs de casse et le pour-boire.

GAMBIN.

Ah! eh bien! tiens, méchant mitron, voilà ton pour-boire.

Il donne un coup de pied au Garçon, et sort en courant.

LE GARÇON.

Aïe!... comment... encore un... Dites donc, jeune homme! freluquet... vous ne pouvez pas prendre garde où vous marchez? Il paraît qu'il est de la bande aussi, celui-là... Là! en voilà-t-il des épluchures?

SCENE VII.

LE GARÇON, ADRIENNE, COELINA.

ADRIENNE, *au fond; elle est très-agitée.*

Bon Dieu, non! encore personne!

COELINA, *de même.*

C'est égal! entrons toujours, on ne nous mangera pas. (*Elles entrent.*) Informons-nous, tout du moins... Tiens! v'là justement quelqu'un...

LE GARÇON.

Oh! des pratiques du sexe!... Que souhaitent ces dames?

COELINA.

Pas grand' chose de bon! dis-moi, petit!... tu n'as vu personne par-ici?

LE GARÇON.

Au contraire, ma jolie dame, nous avons vu beaucoup de monde!

ADRIENNE.

Un monsieur de trente-six ans, à peu près, brun! avec un habit bleu.

COELINA.

Il doit être connu à cett' barrière-ci... d'ailleurs, il y vient souvent... il se nomme Balochard.

LE GARÇON.

Balochard ou Talochard! parbleu! c'est bien lui... son camarade l'a appelé comme ça, Balochard...

ADRIENNE.

Où est-il?

COELINA.

Est-ce qu'il est parti?

LE GARÇON.

Ils sont tous les deux ensemble... oh! des fameux sujets, allez!

ADRIENNE.

Il est sans doute avec ce malheureux Gambin.

LE GARÇON.

Non, non!... attendez donc!... comment qu'il dit qu'il s'appelait déjà, l'autre? l'Enrhumé; non, l'Engourdi-Zidor...

COELINA.

C'est mon homme.

LE GARÇON.

Ah! ben! faut être juste... il n'est pas si féroce, celui-là!

ADRIENNE, *avec inquiétude.*

Et où sont-ils maintenant?

LE GARÇON.

Où ils sont? au corps de garde, donc!

ADRIENNE.

Au corps de garde!... mon père... ô mon Dieu!

COELINA.

Au corps de garde!... mon mari aussi...

LE GARÇON.

Très-bien... comme tapageurs, casseurs et pas payeurs!... ça ira à la correctionnelle...

ADRIENNE, *pleurant.*

Arrêté!... est-il possible!...

COELINA.

Là!... tu vois bien que c'est ton gueux de père! qui me débauche mon homme!... il n'y a pas à dire, il n'aurait jamais osé faire le lundi sans moi; un homme qui ne noçait jamais depuis qu'il m'a épousée; ah! les gueux d'hommes!... on a bien raison de dire qu'y en a qui ne vaut pas la corde pour les pendre!

ADRIENNE.

Mais, madame, ce n'est pas de ma faute.

COELINA.

Si!... c'est d'ta faute!... tu n'sais pas le tenir, ton père!...

LE GARÇON.

Le fait est que c'te jeunesse n'est pas forcée d'être responsable...

COELINA.

Est-ce que ça te regarde, toi, gamin?... mêle-toi donc de tes fricandeaux...

LE GARÇON, *d'un air satisfait.*

C'est tout de même moi qui les a fait empoigner.

COELINA.

Ah! c'est toi... eh bien! tiens!

Elle lui donne un soufflet.

LE GARÇON.

Bon!... merci!... il paraît que j'reçois de toutes mains, aujourd'hui.

SCÈNE VIII.

LES MÊMES, LARMOYER.

LARMOYER, *entrant, à lui-même.*

M. Lanois m'a avancé cinquante-huit sous! je viens solder... (*Reconnaissant sa femme.*) Coelina, au Moulin de beurre!... je suis frit!...

COELINA, *le prenant au collet.*

Ah! te voilà, malheureux! scélérat! gueusard! libéré... tu veux donc me forcer au divorce?

LARMOYER.

Épouse chérie... ne m'arrache pas mon faux col...

COELINA.

Mais qué que t'as donc fait, qu'on t'a mis au corps de garde?...

ADRIENNE.

Mon père n'est donc pas avec vous, monsieur Larmoyer?...

Elle regarde au fond.

LARMOYER, *à sa femme.*

J'ai rien fait... à preuve, qu'on m'a relâché... Il n'y avait pas lieu à poursuivre... Le père Lanois a répondu pour moi... il m'avance cinquante-huit sous. (*A Adrienne.*) Quant à Balochard, on l'a gardé, comme n'appartenant à aucun établissement, et vu que la casse le regarde, c'est trop juste...

ADRIENNE.

Mon Dieu! comment donc faire?... Oh! conduisez-moi auprès de lui... mon bon monsieur Larmoyer, je vous en prie...

COELINA.

Oui, au fait... qu'elle voie son père, cette enfant!... Où est c't' imbécille de poste... oh! je bouscule le corps de garde, moi, d'abord!... (*Entendant le roulement d'une voiture.*) Qu'est-c' que c'est que ça?... une voiture?

LARMOYER.

Un cabriolet compteur.

COELINA.

Qui s'arrête ici !... ah ! bah !... c'est l' bourgeois... c'est M. Victor... Gambin est avec lui...

ADRIENNE.

M. Victor !... ah ! mon Dieu !... mais n'importe... je lui parlerai... j'espère qu'il ne nous refusera pas son secours.

COELINA, à Larmoyer.

Avance ici, toi !...

SCENE IX.

LES MÊMES, VICTOR, GAMBIN.

GAMBIN, au fond, à Victor.

C'est ici, monsieur Victor, c'est ici que le dégât a eu lieu, je vas trouver M. Lanois de votre part pour qu'il relâche Balochard.

Il sort.

ADRIENNE, s'oubliant et courant à Victor.

Monsieur... c'est le ciel qui vous amène !...

LARMOYER.

Non... c'est un cabriolet vert-pomme.

ADRIENNE.

Votre empressement... votre présence ici... oh ! je devine... vous venez pour mon père... j'en suis sûre...

COELINA.

Je vous en ai la même obligation que si c'était pour ce monstre-là.

VICTOR.

Oui, mademoiselle. Un jeune ouvrier est venu de la part de M. Lanois me prévenir de ce qui s'est passé... il se dit l'ami de votre père, bientôt son gendre... et quoique vous n'ayez pas daigné répondre à la lettre que je vous ai remise... je n'ai pas balancé, je suis parti sur-le-champ... déjà j'ai fait réclamer en mon nom, celui que j'appelai aussi pendant long-temps mon ami et mon camarade... Vous allez le revoir.

ADRIENNE, cachant son émotion.

Monsieur Victor... oh ! vous méritez bien l'attachement que vous portent tous les ouvriers... moi,... croyez à ma reconnaissance... je ne peux pas plus... Mais... (d'une voix entrecoupée) je vous remercie... et je vous remercie bien...

VICTOR, avec effort.

Je ne suis venu ici que pour m'assurer par moi-même que votre père était libre... ensuite, mademoiselle... je vous quitterai pour ne vous revoir jamais...

ADRIENNE, à part.

Jamais !...

SCENE X.

LES MÊMES, GAMBIN, BALOCHARD, LANOIS.

GAMBIN.

Le voilà ! le voilà !... victoire... Mais viens donc, que je te dis... puisque quelqu'un te réclame ?

LANOIS.

Puisque quelqu'un te réclame, qu'est-ce que ça te fait ?

ADRIENNE, courant à lui.

C'est lui !...

BALOCHARD.

Et qui que c'est qui m' réclame ?...

VICTOR.

C'est moi !...

BALOCHARD.

Vous !... vous, ici !... avec ma fille !... ah ! c'est donc pour m'affronter...

Il s'avance furieux vers Victor, Lanois et sa fille l'arrêtent aussitôt.

ADRIENNE.

Que dites-vous, mon père !... c'est le plus généreux des hommes.

BALOCHARD, la repoussant.

Laisse-moi...

ADRIENNE.

Venez, venez, mon père...

BALOCHARD.

Laisse-moi, que je te dis !... Restez, vous autres... Et vous, monsieur le bourgeois, je ne suis pas fâché de vous dire ce que je pense devant tout le monde !

ADRIENNE, effrayée, à part.

O mon Dieu ! que va-t-il donc se passer ?

VICTOR.

Balochard, je ne vous comprends pas... pourquoi êtes-vous si injuste envers moi ?

BALOCHARD.

Pourquoi ? vous osez demander pourquoi ? Je sais tout, monsieur le bourgeois, le négociant... Ah ! c'est indigne... Oui, vous avez été chez ma fille, en cachette, pendant mon absence, et vous vouliez m'envoyer à l'étranger pour la séduire... vous voyez bien que j' sais tout.

VICTOR.

Comment ?

ADRIENNE.

Quoi, mon père... vous pouvez croire...

BALOCHARD.

Tais-toi ! Je ne suis qu'un ouvrier, un malheureux ; dissipé, c'est possible ! bambocheur, je ne dis pas non... mais vous n'aviez pas le droit d'en profiter... parce que vous avez un établissement, que vous êtes riche.

ADRIENNE.

Mon père ! je vous jure...

BALOCHARD.

Paix, encore une fois ! D'ailleurs, croyez-vous que je ne sais pas ce que je dis... il y a des preuves, ma fille... Vous lui avez écrit.

VICTOR, accablé.

C'est vrai !

ADRIENNE.

Grand Dieu !

BALOCHARD, à Adrienne.

Cette lettre, je veux la voir !

ADRIENNE.

Mon père !

BALOCHARD.

Je veux la voir ! où est-elle ?

ADRIENNE.

Je l'ai gardée ! j'ai eu tort ! mais, par pitié, ne me la demandez pas !

BALOCHARD.

Donne-la moi! donne-la moi!

ADRIENNE, *la donnant.*

La voici!

BALOCHARD, *déployant la lettre et lisant ce qui suit.*

« Mademoiselle, je suis riche, et vous n'avez
» rien... » (*S'interrompant.*) Ah! voilà! (*Lisant.*)
« Mais votre vertu, votre amour du travail, votre
» dévouement pour votre famille, vous mettent
» bien au-dessus de toutes les dots du monde.
» Mademoiselle Adrienne, voulez-vous de moi pour
» votre mari? » (*S'arrêtant.*) Comment! il y a ça?

ADRIENNE.

N'en lisez pas davantage, je vous en supplie.

BALOCHARD, *la repoussant, mais avec douceur.*

Laisse-moi continuer, laisse-moi continuer. (*Il
lit.*) « Il n'y a qu'une chose que je n'ai pas osé
» vous dire et que je vous écris... Vous avez un
» père qui est incorrigible. » (*A part.*) Bon! v'là
mon paquet!

ADRIENNE.

Assez! assez!

BALOCHARD, *plus doucement encore.*

Veux-tu me laisser continuer! (*Il lit.*) « Incor-
» rigible; je ne pourrais le présenter à personne;
» il porterait le trouble dans nos ateliers et chas-
» serait nos meilleures pratiques. Obtenez donc
» qu'il renonce à vous voir, qu'il consente à vivre
» séparé de nous; j'assure à jamais votre sort et
» celui des deux enfans auxquels vous servez de
» mère. »

ADRIENNE.

Vous voyez bien qu'il ne fallait pas lire cette
lettre!

BALOCHARD.

Pourquoi? elle est bien c'te lettre! et elle me
concerne! On t'offre de la fortune, un bon mariage; on élèvera les deux autres! Elle est très-
bien c'te lettre! et tu y as répondu, Drienne?

ADRIENNE.

Non, mon père! mais je vais y répondre devant
vous!

VICTOR, *à part.*

Ah! je tremble!

ADRIENNE.

Monsieur, vous êtes riche, mon père n'a rien;
vous me dites de choisir entre vous et lui... eh
bien, mon choix est fait!

Elle se jette dans les bras de son père.

BALOCHARD, *attendri.*

Mon enfant! mon trésor!

ADRIENNE, *avec fermeté.*

Adieu, monsieur Victor... adieu pour toujours.

Elle prend son père par la main.

BALOCHARD.

Un moment: t'as fait ta réponse, toi... mais je
n'ai pas fait la mienne.

VICTOR, *à part.*

Que veut-il dire?

BALOCHARD, *donnant la main à Lanois.*

Lanois, mon bon camarade, hier je ne te com-
prenais pas; mais aujourd'hui j'accepte la place
que tu m'offrais; je pars pour Berlin.

TOUS.

Il part!

LARMOYER.

Il s'exporte!

ADRIENNE.

Jamais, jamais, mon père!

VICTOR, *avec expansion.*

Non, jamais un dévouement pareil. (*A Lanois.*)
Ah! s'il voulait seulement nous promettre...

BALOCHARD.

Je me connais!... je connais mes torts.

VICTOR.

Qu'est-ce que c'est que ça des torts? Est-ce que
je n'en ai pas aussi, moi, des torts?... car enfin, je
vous ai renvoyé, moi... la réputation de votre fille,
je l'ai compromise, moi!

LARMOYER.

J'en suis témoin.

VICTOR.

Eh bien! ces choses-là, on s'en veut entre étran-
gers... mais entre parens, ça peut se pardonner.
(*Lui tendant la main.*) Mon père, voulez-vous que
tout soit oublié?

BALOCHARD.

Lui, mon gendre!... touchez-là! c'est un trésor
que je vous donne-là!

LANOIS, *à Victor.*

Vous avez mon approbatillion.

COELINA, *à Adrienne.*

Sournoise! t'aimais donc M. Victor?

ADRIENNE, *baissant les yeux.*

Je crois qu'oui.

GAMBIN, *avec colère.*

Eh bien! et moi, et moi, et moi? Je suis donc
mystifié, volé, aplati?... je reste là avec mes trois
oncles! vous croyez que ça va se passer comme
ça? (*Changeant de ton et prenant les jeunes gens
par la main.*) Couple fortuné, soyez heureux, je
vous donne ma démission. (*A part.*) Elle n'a pas
compris les intentions de son père.

BALOCHARD.

Plus de Syracuse, plus de barrière, plus de
guitare! Je renonce au lundi, et, mieux que ça,
je veux travailler le dimanche.

LANOIS.

Non, non, je m'y oppose! pour le repos de la
société il faut que l'on travaille et reçoive sa
paillie le samedi, que l'on s'amuse honnêtement
le dimanche, et que la semaine commence le lundi.

BALOCHARD, *au public.*

Dernier couplet, paroles et musique dudit.

CHŒUR GÉNÉRAL.

Air: *Introduction du 3me acte.*

Travailler et se réjouir,
D' l'ouvrier voilà la semaine;
Donnons six jours à la peine,
Et le septième au plaisir!
Qu'ici l' plaisir vous transp...
Lundi, Mardi, Mercredi,
Ne passez pas d'vant la porte
Le Jeudi ni le Vendredi,
Et si notre gaîté franche
Vous amuse jusqu'au Sam...
R'venez encore le Dimanch...
Pour recommencer l' Lundi.
      Salle pleine,
      Jamais de retard,
Vous aurez pour votre peine,
L'amitié de Balochard,
Et l'estim' du grand Chicard!

CHŒUR.

Salle pleine, etc., etc.

Paris. — Imprimerie de Mme Ve DONDEY-DUPRÉ, rue Saint-Louis, 46, au Marais.